ちくま学芸文庫

悪文の構造

機能的な文章とは

千早耿一郎

筑摩書房

目次

悪文の構造——機能的な文章とは

I

1、機能的な文章とは

文章のもつ二つの働き

言葉には二つの働きがある。

第一は、事実や意思を伝達する働き。たとえば、「太陽は東からのぼる」「明日伺います」などは、事実あるいは意思を伝える。「空間は曲がっている」（アインシュタイン）という言葉も、一般に理解される・されないとは関係なく、事実を伝える働きを持つ。また、たとえば国会や裁判所での証言が事実であろうと虚偽であろうと、証人がそう言おうと決意したことであるならば、その言葉は意思の伝達の働きをする。これらの働きを「伝達の働き」と呼ぼう。

第二は、感情を表わす働き。あるいは、相手の感性に訴える働き、といってもよい。「あなたは太陽だ」「あいつはブタだ」などは、その例である。あるいは、「麦畑は麦畑でなくて、ならべられた秩序であり、春の呼気であり、地上のじゅうたんなのだ」とパウル・クレーが言うとき（関計夫訳）、この言葉は、美に対するクレーの考えを伝える（「伝達の働き」）とともに、まぎれもなく相手を美の感動に誘いこむであろう。これら相手の感性に訴える働きを「感化の働き」と呼ぶことにしよう。
ほとんどすべての言葉は——ゆえにほとんどすべての文章は——これら二つの働き[(注)]をあわせ持つ。あるものは「伝達の働き」を多く持ち、あるものは「感化の働き」を多く持つ、という違いはあるが。

(注) 言葉にこの二つの働きがある、という考えについては、S・I・ハヤカワ『思考と行動における言語』に負うところが多い。

たとえば、数学や自然科学に関する文章は、第一の働きに徹している。あるいは、徹しようとしている。法律の文章や、官公庁から出される告知や通達も、同様である。しかし、これらにもまったく「感化の働き」がないわけではない。たとえば「日本国憲法」の前文には、世界に向かい、あるいは国民に対してなにかを訴えようとする姿勢（「感化の働き」）がある。そして、新聞記事やルポルタージュ、あるいは経済や歴史に関する文章には、基本的には第一の働きを持ちながら、かなりの程度「感化の働き」を果たすものがある。

第二の働き——「感化の働き」——により重点を置くものには、たとえば文学の文章がある。標語の文章もこの範疇に入れてよいだろう。小説には、しかし、「感化の働き」と同時に「伝達の働き」もなければならない。小説にはふつうプロット（筋）が必要だし、プロットを読者に理解させるには、個々の文が言おうとしている事実が伝わらねばならない。標語にしても、なにを言おうとしているかが読者に分からなければ、なんにもならない。

「感化の働き」の例にあげた「あなたは太陽だ」にしても「あいつはブタだ」にしても、あるいは事実を伝えないようにみえるかもしれない。「あなた」は人間であって、太陽でもブタでもないからである。だが、「あなたは太陽のようだ」「あいつはまるでブタだ」と言いかえれば、事実を伝えている、といえるだろう。「あなたは太陽のようだ」とは、話し手の心のなかに生まれた、相手に対する価値判断という事実なのである。そして、この理論を推しすすめるならば、「あなたは太陽だ」(注)は、話し手の心のなかに生起した(価値判断を含めた)イメージという事実である、といえる。かりにその言葉がうそであっても、作者が、そういうイメージを伝えようと決意した事実はあるであろう。

(注) 修辞法でいう「比喩」に二種類ある。直喩と暗喩(隠喩ともいう)と。たとえば「あなたは太陽のようだ」は直喩(シミリ)、「あなたは太陽だ」は暗喩(メタフォア)である。

かくて言葉に――したがって文章に――二つの働きがあるとはいえ、なかでも第一義的なものは「伝達の働き」である、といえよう。ごくわずかの例外――たとえば感動詞だけの文章――を除けば、どんな文章でも、基本に「伝達の働き」があり、これに重なって「感化の働き」がある、といえる。

工学的に考える

文章を読んでいて、「分かる」とか「分からない」とかいう。「分かる」とは、どういうことか。「分かる」ことには、三つの段階が考えられる。

第一は、書かれている事実が分かる、ということ。ここでは、「伝達の働き」が機能する。

第二は、作者の意図したことが分かる、ということ。この段階では、「伝達の働き」も機能するが、これに重なって「感化の働き」が機能しなければならないこともある。

第三は、作者の意図しなかったもの――だが潜在意識において意図したもの――が分かる、ということである。

文学作品などを真に理解する、ということは、第三の段階にまで到らねばならない。すぐれた作品には、そういう、作者の潜在的な意図のひらめきがあるはずである。読者もまた、理解するための努力をし、そのための資質を磨かねばならない。

だが、ここでは、主として第一の段階について考えよう。第一の段階での理解ができねば、第二・第三の段階へと進むことができないからである。文章の機能性ということからいえば、なんといっても、まず第一の段階で明晰に理解できるものでなければならない。文学とて例外ではない。

機能的な文章とは、具体的には次のようなものをいう。

(1)とにかく意味がとれるということ。なにを言っているか分からない文章では困る。
(2)曖昧でないこと。イエスかノーかはっきりしない文章でも困る。
(3)誤解されないこと。一応分かったつもりだったのが、じつはそうでなかった、という文章はいただけない。
(4)読者によけいな手数をかけないこと。構文が複雑であるため、読者に必要以上の苦労を掛けるような文も、悪文である。
(5)そして、これらが読者に対する親切心によって裏づけられていること。

たとえば——。裁判所の前に公示がある。金網の奥深くに掲示してあって、ほとんど読むことができない。あるいは、法令や官庁通達のなかには、まるで読まれるのを拒否しているようなものがある。読まないのはおまえたち人民が悪いのだぞ、といった調子のものがある。こういう文章が親切であるとはいえない。

また、自分ではいかに親切なつもりでいても、表現が未熟だったり回りくどかったりして、相手に迷惑をかけることも少なくない。これも、けっして親切な文章であるとはいえない。

要するに、親切であるとか思いやりがあるとかが基本となり、そのうえで文章技術の面でも洗練されたものでなければならない。あるいは、洗練された文章でなければ、親切な文章とは言いがたい、ともいえる。

洗練された、機能的な文章とは、なにか。わたくしは、ここで工学の理論を応用したいと思う。たとえば――

(1)ネジは、右に回すとしまり、左に回すとゆるむ。これは世界共通の約束ごとである。この約束が守られなかったら、混乱を招く。――文章でも、約束が守られなかったら、誤解を呼んだり混乱を生じたりするであろう。

(2)生産工場では、ある工程と次の工程との間が短いほどよい。まして、一つの工程から次の工程までの道が曲がりくねっていたり、その間に障害物があったりしたのでは、能率が悪いにきまっている。――文章でも、係る語と係られる語との間が長く、その間によけいな語句があったりすれば、読みやすいはずがない。

(3)ガスでも水道でも、使い終わったときは、きちんと栓をしめ、そしてそのことを確かめねばならない。――文章でも、終わりはきちんとしめくくらねばならない。日本語の場合、個々の文は、ふつう述語でしめくくられる。

(4)歯を磨いてから顔を洗った方がよい。逆に顔を洗ってから歯を磨いたのでは、口のまわりに付いた歯磨粉を拭うために、もう一工程よけいに履《ふ》まねばならない。――文章でも、順序を変えた方がずっと能率がよくなることが多い。

(5)電話線などは、色を施してつながる先を示している。どれがどれにつながるか分からないのでは、修理工が困惑する。――どの語がどの語に係るか分からない文は、読者を混乱させる。

(6)バスでも鉄道でも、行く先を明瞭に表示しなければならない。行く先の分からない車に乗った客は不安である。――文章でも、さきに結論があった方が分かりやすくてよい。

(7)木に竹を継ぐことは困難である。同質の材料を接続させる場合でも、接続の部分は、よほど注意しないと折損しやすい。――文章でも、異質のものをむりやり接続させてはならない。無意味な接続は、いたずらに文を長くし、文意を弱める。

(8)飛行機でも建築でも、バランスが必要である。バランスが崩れると、飛行機は墜ち、建築はなにかのショックで崩壊する。――文章でも同様。たとえば並列する語句は、量的にも質的にもバランスがとれた方が理解されやすい。

(9)合流点が曖昧では、船は航行を誤る。――並列する語句がどこで合流し、どの語に係るかを明瞭にしないと、読者を誤らせる。

(10)バスが道を曲がるとき、乗客にそのことを予告した方がよい。そうしないと、乗客が倒れる危険がある。――文章でも、否定であるか肯定であるかなどについて予告した方が能率的である。

(11)コンピューターの工学は、「プラスかマイナスか」ということを基礎とする。どんなに複雑なデータの記憶も、高度な計算も、一つ一つの「プラスかマイナスか」、つまり

「二者択一」の積み上げである。——文章の場合も二者択一を迫られることが多い。読点を打つか打たないか、段落をつけるかつけないか、ということなど。

⑿しかしながら、工学には、ときに「あそび」も必要である。木造建築の木組みにおける「あそび」が耐震上きわめて有効である、と樋口清之は言っている（『梅干と日本刀』）。——文章においても「あそび」は必要である。比喩であるとか、洒落であるとか、リズムであるとか、語感であるとか。これらは、やぼったく使われると鼻持ちならないが、適切に使われるとき、「伝達の働き」をより有効にする。

小さな体験から

わたくしたちはだれもが、学校で国語の文法というものを習った。だが、それが機能的な文章を書くためにどれだけ役に立ったか、となると疑問である。

そもそもわたくしには、「国語」はともかく、「日本語」を習った、という記憶がない。少なくとも、学校で「日本語」を教わったという記憶はない。

たとえば、①ジ ʒi とヂ dʒi とは本来発音がちがっていたとか、②助詞のガは ga でなくて ŋa であるとか、③語の中途に出てくるガ行音の子音も g でなく ŋ であるとか、④アリマシタの ʃi やアリマスの su の母音部分 i や u は、標準語では半母音化するとか、⑤ウメやウマが関西では ume・uma であるが、東京では m:e・m:a であるとか、そういう、日本語の発音の重要な特性は、少なくとも学校では一度も教えられたことがない。いま、テレビで歌手の歌や俳優のセリフを聞いていると、「ああ、かれらはわたくしよりもっと日本語を習っていないな」という感慨にかられることが多い。

わたくしが日本語文の構造について考えさせられたのは、一つは旧制中学の「英語の時間」においてであり、一つは旧陸軍の予備士官学校においてであった。

旧制中学の「国語」の時間は、字句の解釈に終始したし、「国文法」の時間では、品詞の分類と、動詞・形容詞などの格変化とを学ぶのに、時間のほとんどすべてが使われた。「作文」の時間にはわりあい自由に書くことが許されたが、さりとて、日本語の文の構造がどうなっているか、どのようにすればよい文章が書けるか、というようなことを学問として教わったことはない。

私のいた中学に、浜田健治という英語の教師がいた。かれは、英語の時間によく芥川龍之介の短編を読んで聞かせたり、菊池寛の戯曲「父帰る」の読み合わせをさせたりした。もちろん日本語で。新劇の俳優・友田恭助が中国・呉淞《ウースン》のクリークで戦死したとき、かれは、涙を流さんばかりにして、友田を語り、新劇を語った。

浜田先生は、英語を日本語に訳するとき、日本語として論旨の通った、すぐれた文章にすることを、きびしく教えた。試験の答案でも、舌ったらずの表現、いかにも訳文らしい表現、係る語と係られる語との関係があいまいな訳などは、容赦なく朱筆が入れられ、減点の対象にされた。

　それでいて、英語は、他のどの先生に教わるよりも力がついた。英語の勉強でもっとも重点が置かれたのは、文の analysis（分析）であった。たとえば、①主語と述語との関係、②修飾語と被修飾語との関係、③先行詞と関係代名詞・関係副詞などとの関係――などを分析して文の構造を明示することは、いまどこの中学や高校でもやっているだろう。浜田先生は、それを徹底してやらせるとともに、同じことを、日本語文についてもやらせた。

　その後、わたくしは、中国河北省の保定にあった、日本陸軍の予備士官学校（「保定幹部候補生隊」と呼ばれた）で、梅谷という大尉の区隊長から、「作戦要務令」とか「歩兵操典」とかの文章の分析をさせられた。

　これは驚異だった。というのは、軍隊では、入隊以来、なんでもかんでも棒暗記するよう強制されていたからである。少しでも原文と異なることを言ったり書いたりしたら、叱られた。意味の分かる分からないは、二の次であった。

　もともと軍隊の用語はむつかしかった。だから平気で誤読する将校・下士官も少なくなかった。そのころ、「軍人勅諭」の文句を誤読して切腹した中尉のことが報道された。「軍人勅諭」の誤読が切腹につながるのなら、わたくしの知る限り、日本陸軍の将校・下士官の、少なくとも八割は切腹しなければならなかった。もともとむつかしい用語で書かれた兵書を棒暗記することが、いかに愚かであるかを、合理主義者の梅谷大尉は知っていた。

そのときの分析の方法は、いま考えれば幼稚であった。だが、その後の実生活で、そのような分析が文の構造を知るうえでいかに大切であるかを知った。

たとえば、次のような文がある。

例*1*　所得税法の施行地に住所を有する個人が、証券業者又は金融機関で政令で定めるものの営業所又は事務所（……〔略〕……）において、[r]昭和四十三年一月一日から[s]昭和五十五年十二月三十一日までの間に発行される国債（……〔略〕……）で政令で定めるものを[t]同日までに購入する場合において、政令で定めるところにより、その購入の際その国債につきこの項の規定の適用を受けようとする旨その他必要な事項を記載した書類（……〔略〕……）を提出したときは、その国債の利子の各計算期間ごとにその計算期間に対応する利子については、所得税を課さない。

一　その国債につき政令で定めるところにより保管の委託をし又は登録を受けていること。

二　[a]その国債の額面金額と当該販売機関の営業所等において特別非課税貯蓄申込書を提出して購入した[b]他の国債の額面金額との[c]合計額が、その個人が当該販売機関の営業所等を経由して提出した次項において準用する所得税法第十条第三項の[d]特別非課税貯蓄申告書に記載された同項第三号に[e]掲げる[f]最高限度額（同条第四項の申告書の提出があった場合には、その提出の日以後においては、変更後の最高限度額）を[g]こえないこと。

（「租税特別措置法」第四条第一項）

国債を買ったものには、条件が整えば所得税をかけない、という、いわゆる「特優」の扱いを定めた法文である。わたくしは、一回や二回読んでも分からなかった。読者はお分かりだろうか。そして、この法律の成立に参加した衆・参あわせて七百数十名のすべての議員諸氏は、これを理解されたのだろうか。そういうことをいうのは失礼である。立法府の選良が、自分たちの理解できない法律を通すはずがない。問題は、かれらがどのようにして理解したか、である。

ものすごく頭のいい人は、頭脳をコンピューターのように働かせて分析するだろう。そうでない人は、紙の上に図を画いて分析するしか方法がないだろう。わたくしは、もちろん後者である。

ためしにこの法文の一部を分析してみる。本文および第一号は割愛し、第二号についてのみ分析をこころみる。ただし、読者の理解を助けるために、まず本文の要約を掲げる。

本文の要約――「個人が証券業者等から国債を買う際、一定の書類を提出すれば、その利子に所得税を課さない。ただし、第一号、第二号の条件を満たす場合に限る。」

さて、第二号の分析は、次ページ記載のとおりである。

このように分析することにより、次のことが明らかになるであろう。

(1)この文の根幹をなすのは、「……合計額[c]が……最高限度額[f]をこえないこと[g]」である。

(2)「合計額[c]」とは、「その国債の額面金額[a]と……他の国債の額面金額[b]との合計額[c]」である。

(3)「最高限度額[f]」とは、「特別非課税貯蓄申告書に記載された[d]」そして「第三号に掲げる[e]」ものである。

以下、bの「国債」やd(「……申告書」)に係る語がなにであるかも分かるであろう。

この文は、こうやって分析してみると、ちゃんと筋が通っている。係る語と係られる語との関係もはっきりしている。さすがに法律づくりの専門家が練りに練っただけある。ただ、残念なことは、読み手である国民の大部分がお役人のような秀才でないことである。このような煩雑無類な文は、だれもが読みたくないであろう。それでも、どうしても読まねばならない場合がある。そういうとき、わたくしはこのように分析することにしている。

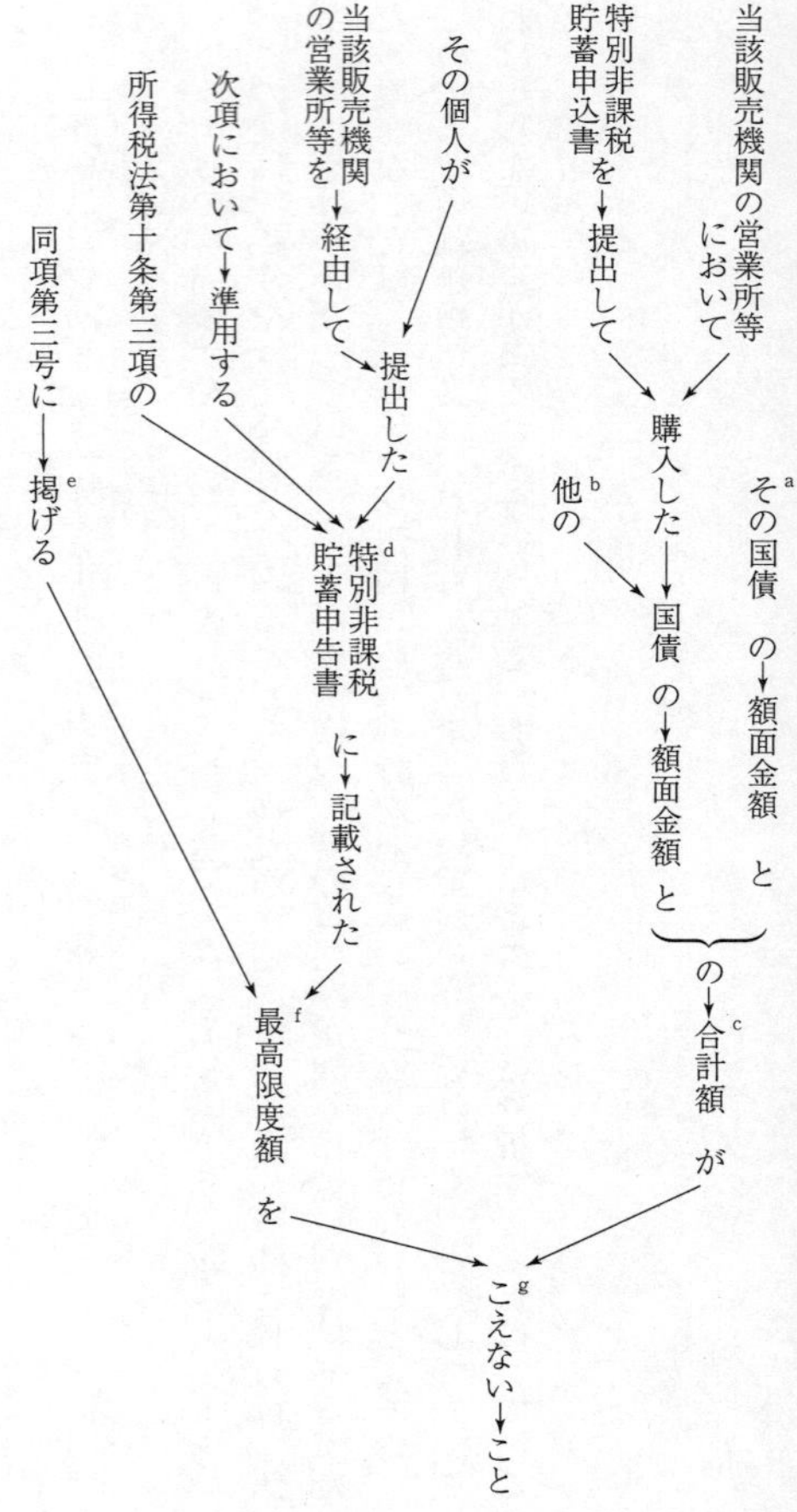

なお、この条文の本文の[t]「同日まで」は、正しくない。[t]「同日」は、[r]「昭和四十三年一月一日から[s]昭和五十五年十二月三十一日までの間」のうちの[s]「昭和五十五年十二月三十一日」だけを代表させたいのだろうが、それでは論理的でない。ここは、「同期間中」とし

た方がよい。

2、日本語文の構造

入子型構造論

前章の終わりで、わたくしは、「租税特別措置法」の文章の分析を試みた。このような分析の方法に達するまでに、わたくしは数多くの試行錯誤を繰り返した。日本語文の分析は、当然のことながら、日本語文の構造と深くかかわり合っていなければならない。日本語文の構造について、わたくしは多くの人から学んだ。とりわけ、時枝誠記に負うところが多い。

はじめに「文章」と「文」との関係について、簡単に触れる。

文章は、文の統一ある集合である。統一ある集合であるから、文の単なる羅列は文章でない。反対に、一個の文しかなくても、それで完成しておれば、文章である、といえる。たとえば、次の詩は、一個の文から成る文章である。

てふてふが一匹韃靼《だったん》海峡を渡って行った。　（安西冬衛「春」）

短歌や俳句、それに警句や格言や標語などにも、一個の文から成る文章が多い。

海に出て木枯《こがらし》帰るところなし(注)　　（山口誓子）

(注) 俳句の場合、じつは二文からなるものも少なくない。たとえば——

降る雪や明治は遠くなりにけり（中村草田男）

この句は、「降る雪や」と「明治は遠くなりにけり」との二個の文から成っている。二個のイメージのモンタージュでもある。

では、文とはなにか。時枝誠記著『日本文法・口語篇』では、「文の性質を規定するもの」として、次の三つをあげている。説明はわたくしの要約による。

(1)具体的な思想の表現であること。——体言「山」や「森」、あるいは用言の「打つ」や「涼しい」だけでは文にならない。そこに「だ」「ない」など、話し手の判断を示す語が加わる必要がある。もちろん、「山だ」という意味で「山！」と言うことがある。時枝誠記は、「山だ」を［山［だ］］、「山！」を［山▨］と表現する。同様に、「打つ（ノダ）」を［打つ▨］と表わす。▨を零記号と呼ぶ。「だ」も「零記号」も、陳述の役目を持つ。

(2)統一性があること。——文に統一性がある、ということは、まとまった思想の表現である、ということである。文に統一性を与えるものには、次の三つがある。

①用言に伴う陳述。（例）川が流れる▨

②助動詞による陳述。（例）波が静か だ（注）

（注）前記の山▨も、この範疇にはいる。

③助詞による陳述。（例）また雨 か

(3)完結性があること。――「川が流れ」という表現では、文はまだ展開する姿勢を取っており、したがって完結していない。①用言で終わる場合、その用言は終止形でなければならない（これに陳述の零記号が加わる）。②助動詞で終わる場合も同じ（ただし、零記号は加わらない）。③助詞で終わる場合は、完結性を与える助詞でなければならない。「寒いか」「起きろ」など。

こうしてみると、①用言（終止形）＋陳述の零記号、②陳述のための助動詞、③陳述のための助詞――といったものが、文を構成するのにいかに重要であるかが分かる。このうち零記号は、かくれた助動詞である、といえよう。

助動詞と助詞、これに接続詞と感動詞とを加えたものを、時枝文法では「辞《じ》」という。「辞」に対するものは「詞《し》」である。「詞」には、体言（名詞・代名詞・形式名詞など）・用言（動詞・形容詞・形容動詞など）、それに連体詞・副詞などがある。

「詞」は、事物や事柄の客体的・概念的な表現である。「詞」だけでは文にならない。話し手が「詞」を用いて思想を表現し、文を統一するには、かならず「辞」を必要とする。「辞」は話し手の立場や意志を示す。いわば「詞」はひきだしであり、「辞」は引き手である。引き手はひきだしの一面に取り付けられてはいるが、ひきだしを引き出すものとして、これを包み、統一する関係になっている。という形がそうである。

「梅の花が咲いた」という文を、時枝文法では次のように図解する。

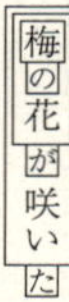

「梅」を「花」に結びつけるのは、助詞「の」である。「梅の花」を引き出して「咲い(た)」に結びつけるものは、助詞「が」である。そして、助動詞「た」が全体を陳述する役目を持つ。

この形を時枝文法では、「入子《いれこ》型構造」と名づける。三々九度に使う重ね盃は、小の盃を載せた中の盃を、さらに大の盃が載せている。それと同じような形にこれはなっている。

以上が時枝誠記の「入子型構造論」のきわめておおまかな要約である。「入子型構造論」は、日本語文の構造を説明するのに有効適切な理論である。よくみると、ひきだしにあたる部分は「詞」であり、引き手にあたる部分は「辞」または「零記号」であることに気づくだろう。「零記号」は、先に述べた終止的陳述のほか、修飾的陳述にも用いられることがある。

赤い▨花だ

「零記号」は、だから、かくれた「辞」である、ということができよう。「零記号」を含め、「辞」は、「詞」を話し手の意図する方向に導いてゆく。花が と花の とでは、これに続く語の性格がまったく違うはずである。赤い▨ と赤くない とでは、意味するところが正反対である。日本語の「辞」(注)は、このように重要な役目を持つ。

(注)ただし、接続詞の一部と感動詞とは、「引き手」にはならない。

「入子型構造論」はすぐれた理論であるが、これは、時枝誠記が書いているように句の理論である。したがって、これによって文を完全に説明することはできない。文を説明するには、さらに別の理論を用意しなければならない。

日本語文は枝状である

日本語の文の構造は枝状である。このことは、前(28ページ)に挙げた「租税特別措置法」の文の分析をみれば分かる。一番下に幹があり、その上に太い二本の枝があり、それがまた上の方でいくつかに分かれている。

簡単な例を挙げる。「わたしは本を読む」という文。この文を入子型で表現すると、どうなるか。時枝文法では、次のようにあらわす。

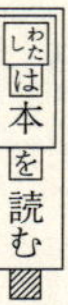

だが、もう少し複雑な文になれば、どう表現すればよいのか。たとえば「わたしは、毎日、夜遅くまで、ときには二時すぎまで、夏でも冬でも、かかさず本を読む。」というような文は、どのように処理すればよいのか。

「わたしは本を読む」を、わたくしはむしろ、次のように分析した方がよい、と考える。

入子型を除くと、次のようになる。いずれにしても枝状である。

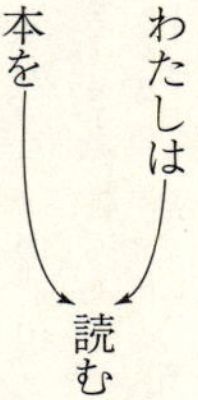

「[a]わたしは、[b]今日、[c]喫茶店で、[d]甲を[e]乙に[f]紹介した。」

この文は次のように分析できる。

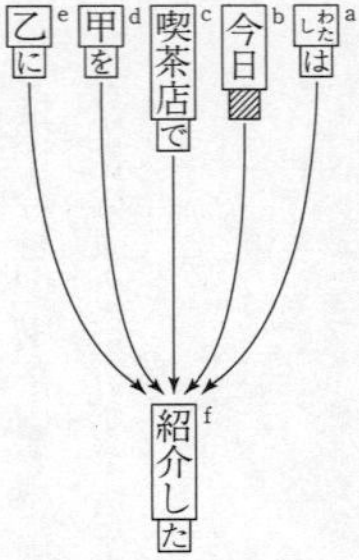

つまり、a・b・c・d・eのどれもがたがいに対等であって、それぞれが述語fにつながる。fが幹であり、a〜eのひとつひとつが枝である、といえよう。あるいは、a・b・c・d・eという支流がfという本流に流れそそぐ、と言ってもよいだろう。

だから、次のように、それぞれが述語fを伴った、五つの文に分解することができる。

[a]わたしは──→[f]紹介した。
[b]今日──→[f]紹介した。
[c]喫茶店で──→[f]紹介した。
[d]甲を──→[f]紹介した。
[e]乙に──→[f]紹介した。

これらのどの行をとってみても、文としての体裁は整っている。だが、英語では、少なくとも、

I introduced A.（わたしは甲を紹介した。）

と言わねばならない。

I introduced.（わたしは紹介した。）

Introduced A.（甲を紹介した。）

Introduced to B.（乙に紹介した。）

という文は、ふつうありえない。

日本語の文が右のような構成である、ということは、いくつかのことを示唆する。第一。日本語の文は述語が基本である。右の例文でみたように、a・b・c・d・eのどの語にもfはつながる。そして、a・b・c・d・eのどの語を省略しても、文は成立する。だが、述語fは省略することができない。(注) いわば述語が幹であり、その他は枝である。

(注) 例外はある。「どちらへ？」「雨が……」など。これらには述語が省略されているが、省略されながら潜在しているのである。

また、述語がかならずしも文または句の一番あとに来ないことがある。「降ってきた、雨が。」など。これは倒置法であるから、「雨が↓降ってきた。」の変形とみてよい。

述語が基本であるから、どの文にも、どの句にも、原則として述語を欠かすことができない。これを欠かすと、文に結末が来ない。したがって文は形成されない。

第二の示唆。反面、日本語の文は、かならずしも主語を必要としないし、対象格語——英語でいう目的語——を省略することもできる。だから、

「山路を登りながらこう考えた。」（夏目漱石『草枕』）

という文も可能であるし、

「飲んでますか。」（テレビのコマーシャル）

ということもできる。われわれの例文で言えば、主語をはずして、

「今日[b]、喫茶店[c]で、甲[d]を乙[e]に紹介[f]した。」

とすることもできるし、状況によっては、

「今日[b]、喫茶店[c]で、乙[e]に紹介[f]した。」

ということも可能である。

もちろん、主格がなにであるか、対象格がなにであるか、文外でおのずから明らかでなければならない。かならずしも主語を必要としない、ということは、日本語の文の構造に融通性を与える。反面、作者のひとりよがりから、主格が分からなくなったり、主格混同を起こしたりしかねない、という危険性をはらんでいる。対象格語などについても、同様のことがいえる。

第三。日本語は、語順が固定的でない。たとえば、われわれの文を次のように、いく通りにも書き改めることができる。

(1)今日[b]、わたし[a]は、乙[e]に甲[d]を、喫茶店[c]で紹介[f]した。

(2)喫茶店[c]で、今日[b]、甲[d]を乙[e]に、わたし[a]は紹介[f]した。

(3)甲[d]を、今日[b]、わたし[a]は、喫茶店[c]で、乙[e]に紹介[f]した。

述語（f）以外の語、つまりa・b・c・d・eの五つの語は、どのようにでも順序をかえることができる。五個の順列[注]の数、すなわち一二〇（五の階乗）の方法がありうる。このように語順に融通性があるがゆえに、たとえば、①強調しなければならない語を先に持ってきて、読者の理解を助ける、ということができる。あるいは、②係る語と係られる語との関係が明瞭でない場合、語順を変えることによってこれを救うこともできる。

（注）　例外がある。「お爺さん[a]は山[b]へ柴刈り[c]に、お婆さん[d]は川[e]へ洗濯[f]に行きました[g]。」この文は、もともと次の二つの文から成る。

(A)

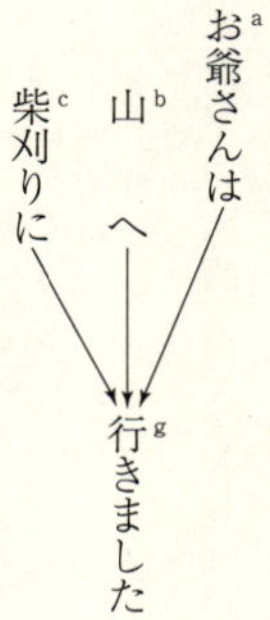

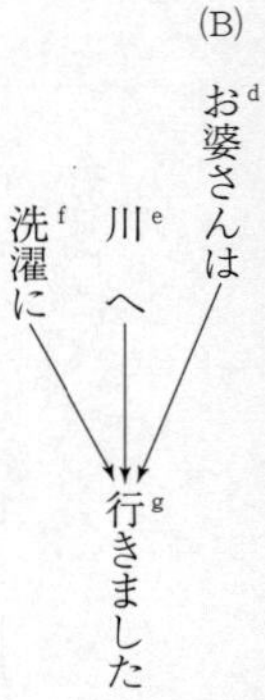

これらのうち述語「行きました[g]」が共通であるために、これを軸として二つの文がまとめられている。ゆえに、(A)・(B)各グループのなかで、a・b・c相互間、あるいはd・e・f相互間では順序を変えることができるが、グループを越えて順序を変えることはできない。この関係を、次のように、点線を使って表現しよう。

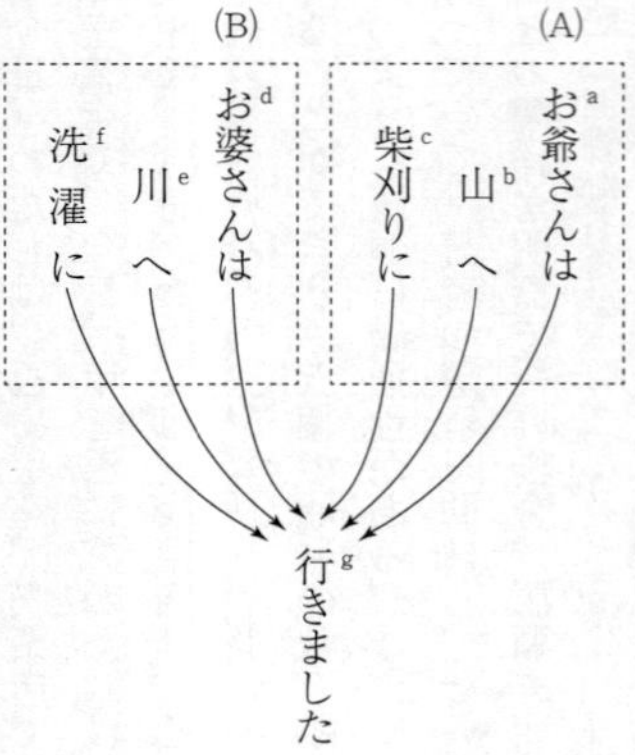

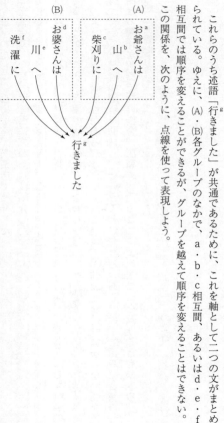

第四。係る語と係られる語との間は、無限に長くなる可能性がある。先の例（35ページ）で言えば、主語（わたしは）と述語（紹介した）との間が無限に長くなりうる。数多くの修飾語をその間に入れていくことができるからである。たとえば――

「わたしは、今日、駅の近くの、開店間もない、よい音楽を聞かせる、エトワールという名の喫茶店で、甲を乙に紹介した。」

傍線の部分は、すべて「喫茶店」に係る修飾語――連体修飾語――である。

さらに、たとえば、右の追加した部分にある「音楽」や「聞かせる」に、修飾語を付けることもできる。

「クラシックからラテン系までの各種のよい音楽を朝から晩までたえまなく聞かせる……」という具合に。

これらを総合すると、次ページの図のようになる。一部ひきだしと引き手との関係を「入子型」で示す。

「わたしは、今日、駅の近くの、開店間もない、クラシックからラテン系までの、各種のよい音楽を、朝から晩までたえまなく聞かせる、エトワールという名の喫茶店で、甲を、乙に紹介した。」

文にすれば右のようになる。かくて、主語「わたしは」と述語「紹介した」との間は、ひどく長くなってしまった。連用修飾語「今日」と動詞「紹介した」との間もそうだし、

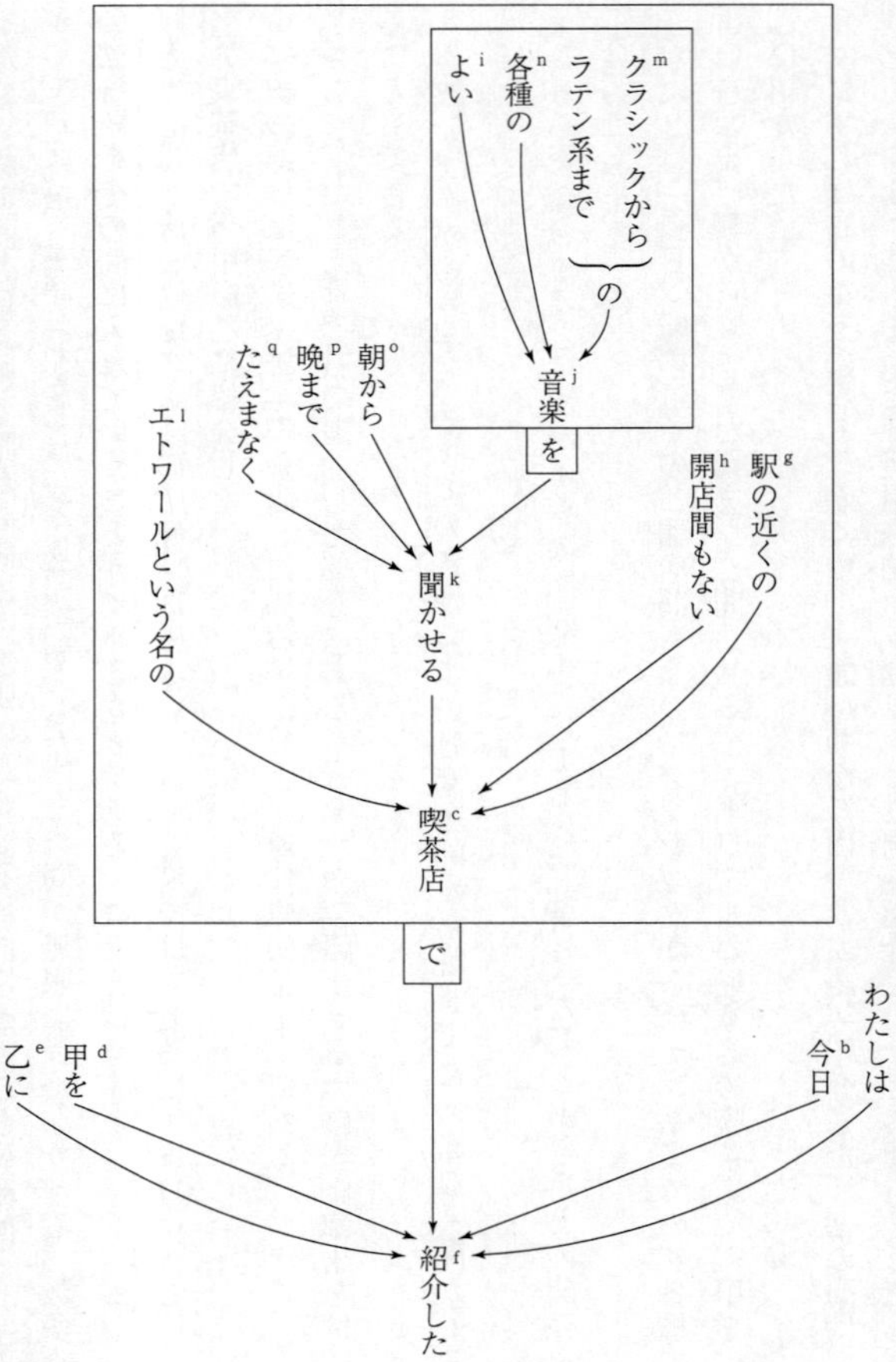

わたしは a
今日 b
喫茶店 c
甲を d
乙に e
紹介した f
駅の近くの g
開店間もない h
よい i
音楽 j
聞かせる k
エトワールという名の l
クラシックから m
ラテン系まで
の
各種の n
朝から o
晩まで p
たえまなく q
を
で

連体修飾語「駅の近くの」[g]と名詞「喫茶店」[c]との間も長い。このようにして、係る語と係られる語との間は、無限に長くなりうる。そのため、①どの語がどの語に係るかを、読者が判断するのに手間どらせることになるし、②ときには、書き手がつい係られる語を忘れてしまい、ために読者をますます混乱させることも少なくない[注]。

(注) 枝状の文の、枝にあたる部分は、すべて修飾語である、という考え方がある(たとえば本多勝一『日本語の作文技術』)。わたくしは、そのうち、主語だけは別扱いとしたい。

修飾語には、次の二種類がある。

(1)連用修飾語〜用言に係る。先の例(41ページ)でいえば、「今日」[b]「喫茶店で」[c]「甲を」[d]「乙に」[e]などがそうである。これらのうち「喫茶店で」[c]は位置格語、「甲を」[d]は対象格語、「乙に」[e]は方向格語——とも呼ぶ。

(2)連体修飾語〜体言に係る。同じ例でいえば、「駅の近くの」[g]「開店間もない」[h]「クラシックからラテン系までの」[m]など。

日本語文は非論理的か

このようにみてくると、日本語の文は、論理の面で欠陥の多いもののように思われるかもしれない。たしかに欠点はあるが、一方でヨーロッパ語にみられないような融通性もある。融通性があるということは、長所でもある。また、係る語と係られる語との間が長くなりやすい、というような欠点は、その欠点を知ることにより容易に克服できるものである。
いままで日本語は、どちらかといえば、情緒《じょうしょ》的な表現には向くが、論理的な表現には向いていないように思われてきた。だが、それは日本語の罪だろうか。日本人があまり論理的な思考を好まなかった、ということの責任が日本語に転嫁されていた。そういうことがあったのでないか。

文章を読んでいて、書いてあることの内容が理解できないことがある。先に述べた（18ページ）「分かるということ」の第一段階で、もう分からないということがある。コンピューターがもし読書をして、「分からない」ということにぶつかれば、たちまちとまってしまうであろう。だが、人間は、多くの場合、分からないところは飛ばして次へ進む。あたかも漢字を知らない子供が漢字を飛ばして文章を読むがごとく。

飛ばし読みも、場合によってはよい。だが、飛ばし読みの許されない場合がある。そういうとき、あなたならどうされるか。

単語の意味の分からないのはまだいい。辞書を引いたり、人に聞いたりすればよいからである。構文のまずさのためになにを言っているのか分からないのでは、絶望的に困惑するであろう。たとえば、ある剣豪小説の最後の場面で、主人公である「剣豪」が宿敵と戦うところがあった。剣尖一閃《けんせんいっせん》、どちらかが仆《たお》れた。だが、どちらが仆れたのか分からないので、読者から問い合わせが殺到した。問い合わせのできる人はまだいい。それほどの勇気もひまもない多くの人は、モヤモヤした気持でその本を閉じたに違いない。こういうことは、また、作者にとっても本意でないだろう。

戦前そうであったように、戦後も、日本語のしつけや教育がそれほど手厚くなされているという気配はない。

たとえば、わたくしが旧制中学において浜田先生からしつけられた、日本語文を正しく書くという教育や、予備士官学校の梅谷大尉にやらされた文の分析のような訓練が、いまの中学校や高等学校でどれだけなされているのか、わたくしは疑う。わたくしの二人の子供のうち、一人は、小学校の低学年のとき、たまたま――としか思えないのだが――いい先生にあたって、しっかりした文章教育をしてもらい、そのため、のちのちまで簡潔で正確な文章を書く習慣ができた。しかし、それは例外だったようである。もう一人の子供がもらってくるテストや宿題は、どれもが業者の作ったものであり、そのなかには、ときどき、ミスプリントや、業者の認識不足によると思われるミスもあった。そのうえ、先生があきらかに一読もしないで右から左へ配ったとしか思えないものもあった。

わたくしは、戦後の教育を非難しているのでない。戦前と同様に、戦後もまた日本語の教育がほとんどなされていない、ということを言いたかったにすぎない。

その結果は、さまざまの書物・新聞・公用文などの文章となってあらわれている。次章以下でわたくしは、それらの例をとりあげて分析し、その欠陥をあきらかにするとともに、いかにすれば機能的な文章になるかを実験してみたい。もとよりこれは実験であり、そこでわたくしがひきだす理論はいずれも仮説である。(注)

(注) ①分析の方法には、「入子型」と「枝状」とを併用する。ただし、「入子型」は、必要のない限り省略する。

②例文に付してある、1・2……、〔1〕〔2〕……、a・b・c……などの符号は、筆者(千早)が説明のために加えたもの。

③例文中の〔 〕内は、筆者の注記。

③『 』で包んだ文章は、筆者による改訂文である。

Ⅱ

3、長文は悪文

親切な文章とは

たとえば次の文を読んで、あなたはたやすく理解することができるだろうか。

例*2*　[a]このDepotfundが、移動して歩く商人群の[b]隠匿物、[c]使用不可能な[d]金属製品、[e]道具類の[f]鋳造のために[g]地面に[h]かくした[i]発見物、高価な財産などを地面にかくした[j]遺宝発見物、神々に奉献するため地下に埋蔵した[k]奉納遺品発見物[l]といった、[m]いくつかの[n]類別が[o]考えられている。

（杉山二郎『大仏建立』）

この文は、それほど複雑な構造ではない。にもかかわらず、けっして分かりやすいものではない。それは、①主・述の関係が不明瞭であること、②語の選択が不適当であること、③長文であること――による。

まず、主・述の関係。「[a]このDepotfundが」が主語であると思ったら、そうではなかった。「[n]類別が」が主語であり、「[o]考えられている」が述語である。しからば「Depotfund

が」は、なにに係るのか。

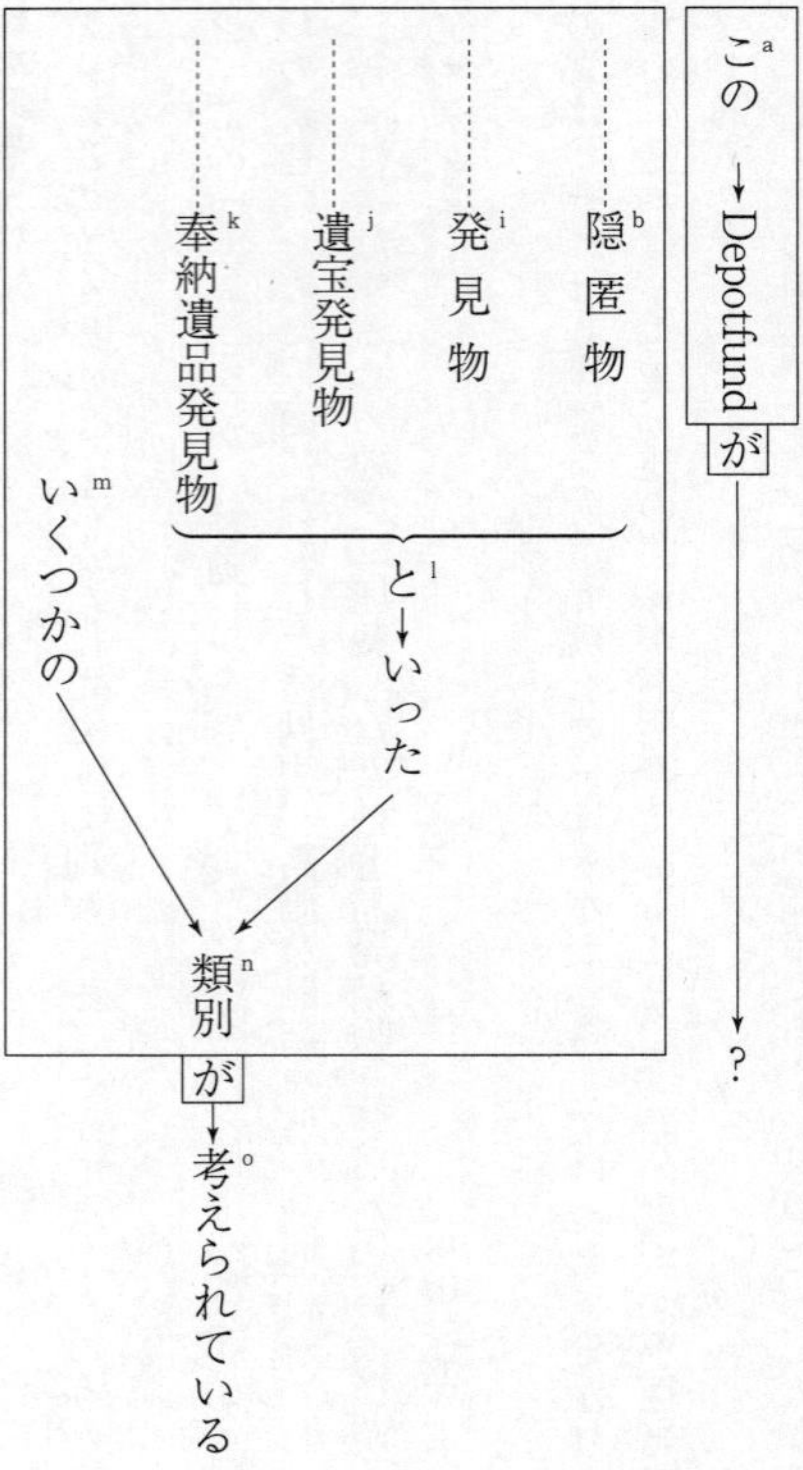

つまり、「この[a] Depotfund が」によって係られる語がない。幽霊に足がないのと同様に、ひどく不安定である。だから読者は、読んでいるときも、読み終わってからも、心が落ちつかない。

第二は、語の選択。このような一般向けの書物に Depotfund というようなドイツ語を出してくるのは不見識だが、これは辞書を引けばよい。「埋蔵品」のことである。だが——

⑴埋蔵品というカテゴリーに、「[b]隠匿物」と「[i]発見物」とがあるということは、どうしたことか。隠された時点で言えば「隠匿物」であり、発見された時点で言えば「発見物」である。この両者を併用することは、文の統一をみだし、読者を混乱させる。

⑵「[c]使用不可能な[d]金属製品、[e]道具類の[f]鋳造のために[g]地面に[h]かくした[i]発見物」とはなんのことか。まず、①「[c]使用不可能な」という修飾語が「[d]金属製品」のほか「[e]道具類」をも修飾する、ということを知るまでには、しばしの時間を要するだろう。「[d]金属製品」と「[e]道具類」とは、本来並立する概念でない。「金属製品」であるところの「道具類」だってあるだろうから。

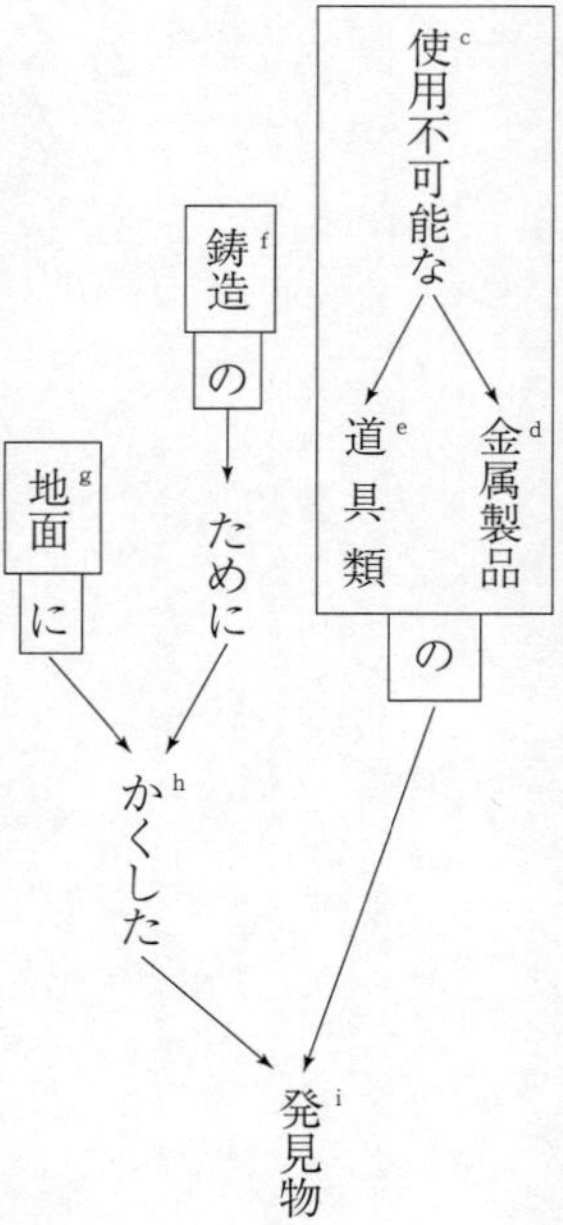

②「地面[g]にかく[h]した発見物[i]」。かくしたものが、どうして「発見物」なのか。③「地面にかくす」もおかしい。かくすのは地面でなく、地下か地中でなければならないだろう。④「鋳造[f]のために地面[g]にかくした[h]」とはどういうことなのか。地面にかくしておいたら自然に鋳造できる、というのだろうか。ここは、「使用できなくなった道具類などの金属製品で、後日鋳造するために地下にかくしたもの」とでもいうべきなのだろう。

　要するに、この文の作者は、ひとりよがりで、あまり読者のことを考えていない。「よい文章とは、なによりも読者に対し親切なものでなければならない」という、もっとも大事なことを忘れている。この文は、次のように改めてみたらどうであろうか。

『Depotfund[1]（埋蔵品）については、次のような類別が考えられる。①[2]移動して歩く商人群によってかくされたもの、②使用できなくなった、道具類などの金属製品で、後日鋳造するためにかくされたもの、③子孫その他のためにかくされた高価な財産、いわゆる遺宝、④神々に奉献するために埋められたもの、いわば奉納遺品——など。』

文を二つに分けることにより、長文の害を少なくした。また、第2文に箇条書きを利用したことにより、文の分割と同じ効果をあげようとした。こうすれば、係る語と係られる語との対応を誤る機会は、少なくなるだろう。

例*3*　南アルプスの中央アルプスの谷間[a]に、あばれ天竜[b]がその源を諏訪湖より発しているが[c]、こ[d]こをめあてに、古[e]代の東[f]山道が[g]北上し、東[h]国への道が[i]開け、開析[j]された縦[k]渓谷は、[l]以後信濃街道になって、歴史の舞台になると[m]ころで、年輪の古[n]さ深さは、さまざまな風俗や習慣を[o]うみ、谷[p]を横につなぐ古道[q]は山越えの峠路[r]になって、杖突、大平、権平の諸[s]峠が[t]胸をつく細道にもなる。

（桜井正信——森谷清三『伊那谷』序文より）

『伊那谷』は、森谷清三著、なかなかの好著である。それに寄せられた序文が混乱していて、読みにくい。

混乱の理由の第一は、修飾する語と修飾される語との関係のあいまいさである。すなわち——

(1)「谷間に」[a]という連用修飾語によって修飾される語がない。尻切れトンボである。

(2)「ここをめあてに」[d]の「ここ」が「天竜(川)」[b]を指すのなら、「ここをめあてに……東山道が北上し」はおかしい。「これに添って」とでも言った方がよい。

(3)「古代の」[e]という連体修飾語は、「東山道」[f]を修飾する。しかし、「古代の[e]→東山道[f]」と言ってしまうと、「東国への[h]道が開け[i]」たのがいつのことか分からなくなる。

(A)古代の[e]→東山道[f]が→北上し[g]

(B)東国への[h]→道が→開け[i]

「古代」を連用修飾語として使えば、これが「北上し」[g]と「開け」[i]との双方の動詞を修飾することになる。

(A)古代→北上し

(B)古代→開け

また、このように表現すれば「以後」[l]が生きてくる。

第二に、語の選択のまずさ。

(1)「開析された[j]縦渓谷[k]」は、いかにも硬い。「縦渓谷」があるのなら「横渓谷」というものもあるのだろうか。

(2)「年輪の古さ」[n]は、論理的でない。「年輪の多いこと」が「歴史の古さ」の暗喩(メタフォア)である。だが「年輪の古さ」とはどういうことなのか。ここはすなおに「歴史の古さ」でよいのでないか。

(3)「[p]谷を横につなぐ」といっても、ここでは谷が一つしか出てこない。一つしかないものは、つなぎようがない。地図で調べても、これに平行する谷があるとは思われない。ここは、「谷を横ぎる」ということを言いたいのだろう。

(4)「[q]古道は山越えの峠路に[r]なって、……の[s]諸峠が[t]胸をつく細道にもなる」も分からない。「[t]胸をつく」とは、急な坂を上ることとの暗喩的な表現。この文を正直に読む者は、峠まで登ったうえ、さらに急坂を登らねばならない。おかしな話ではないか。

混乱の理由の第三は、文脈の混同である。この文は、①天竜川のこと、②古代の東山道のこと、③その渓谷が後に信濃街道になったこと、④その古い歴史のこと、⑤一転して、谷を横ぎる峠路のこと——が、接続の助詞「[c]が」や、いくつかの中止形(注)によって、論理性もなくむりやりに結びつけられている。その結果、一七〇字近い長文となっているのである。この場合は、とりわけ、いくつかの短文に分けた方がよい。それが親切というものである。

(注) 中止形。言いさして次に続ける方法。ふつう連用形を用いる。例文では、「[g]北上し」「[i]開け」「なって」「[m]ところで」「[o]うみ」「[r]なって」などがそうである。

『[1]南アルプスと中央アルプスとの間を、諏訪湖に源を発したあばれ天竜が流れている。[2]その天竜川に添って、古代、東山道が北上し、これが東国への道となっていた。[3]開かれたこの渓谷は、その後信濃街道となって、歴史の舞台になるところ。[4]歴史の古き深さがさまざまな風俗や習慣を生んだ。[5]また、谷を横ぎるいくつかの古道は、胸つく細道となり、それぞれ杖突、大平、権平の諸峠に続く。』

こころみに、右のようになおしてみた。できるかぎり原文に忠実に訳したが、ほんとうはもっと短くすっきりした文章になるはずである。

長文は悪文である

「例2」「例3」とも、ことさらに異常なものを集めたのではない。「例2」の文が載っている書物は、数年まえ、「毎日出版文化賞」を受けた。全編このような文章で書かれた書物を、選考委員たちは、どのように読み、どのように理解したのだろうか。また、「例3」の文を書いたのは、「文学博士」である。つまり、両者とも、日本の相当の知識人によって書かれ、そのうちの少なくともひとつは、他の知識人によって認められている。

例4　[1]保証期間付の郵便年金契約[a]その他の定期金給付契約で、[2][b]定期金受取人の生存中[c]または[d]一定期間にわたり、[e]定期金を[f]給付しかつ[g]一定期間内に受取人が死亡したときは、その相続人その他の者に[h]対し継続して[i]定期金または[j]一時金を[k]給付する[l]契約に基づいて、[3]定期金受取人である被相続人の死亡後[m]相続人その他の者が[n]定期金受取人または一時金受取人となった場合は、〔4〕その定期金受取人または一時金受取人となった者について、〔5〕その定期金給付契約に関する権利のうち、被相続人が負担した掛金または保険料の金額に対応する部分については、〔6〕受取人となった者が相続人のときは相続により、その他の者については遺贈により得たものとみなされて、〔7〕相続税がかかります。

（全国銀行協会連合会『税金基礎講座』）

これは、相続税法の解説の一部である。たいへん分かりにくい。分かりにくいから、飛ばし読みしたい誘惑にかられる。だが、実務家や学習者には、それが許されない。

この文の分かりにくさは、第一に、文が長すぎる（約三〇〇字）ことによる。読者は、どこに主句があるのか、なにが主語であるのか、と模索しつつ読み、文の最後の部分「相続税がかかります」にいたって、はじめて「なるほど、ここに主語があったのか」と諒解する。

この文を分析することは容易なことでない。とにかくやってみよう。

まず、〔1〕の部分、「定期金給付契約で」で、読者は一息つくだろう。〔2〕の部分。「にわたり」ででも、「死亡したときは」ででも、まだ息がつけない。結局「に基づいて」にいたって、はじめて息がつける。〔2〕の部分は、次のように分析できる。

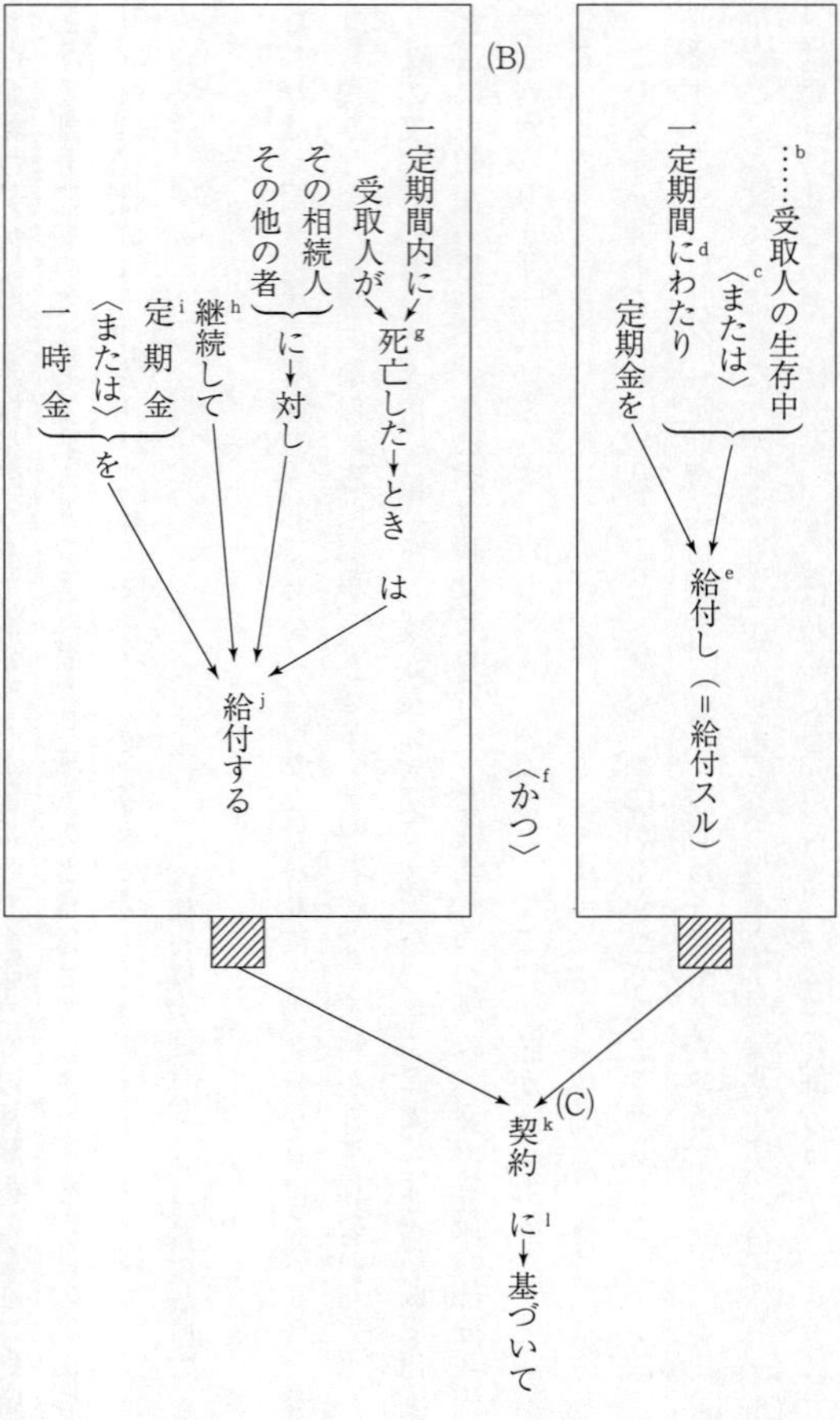
(A)
……[b]受取人の生存中
〈または〉[c]
一定期間にわたり[d]
定期金を
給付し[e]（＝給付スル）
〈かつ〉[f]
(B)
一定期間内に
受取人が
死亡した[g]とき
は
その相続人
その他の者
に対し
継続して[h]
定期金[i]
〈または〉
一時金
を
給付する[j]
(C)
契約[k]
に[l]基づいて

〔3〕の部分は、「場合[o]は」まで。これは、次のように分析できる。〔2〕の部分がこれに参加する。

〔2〕
〔……契約[k]に[l]↓基づいて〕
定期金受取人である↓被相続人の↓死亡後
相続人[m]
その他の者｝が
定期金受取人[n]
〈または〉
一時金受取人｝と
なった↓場合[o]は

〔4〕は、簡単だから省略しよう。
〔5〕は次のようになる。

その定期金給付契約に↓関する↓権利　の[q]↓うち
被相続人が↓負担した　掛金〈または〉保険料　の↓金額[r]　に
対応する↓部分　に[s]↓ついては

次に〔6〕の部分。

受取人となった者が[t]
相続人の[u]↓とき　は　相続により[v]
その他の者[w]に↓ついては　遺贈により[x]
得た[y]↓もの　と↓みなされて

このうち、「t↓w」のつながりはおかしい。その点についてはあとで述べる。

さて、全文の構造をみよう。〔1〕がなにに係るのか判断するのはむつかしい。多分〔2〕の「給付し[e]」と「給付する[j]」とに係るのだろう。〔2〕は、〔3〕の「なった場合[o]」に係る。そして、〔3〕〔4〕〔5〕〔6〕は、いずれも〔7〕の「かかります[z]」に係る。

（次ページ参照）

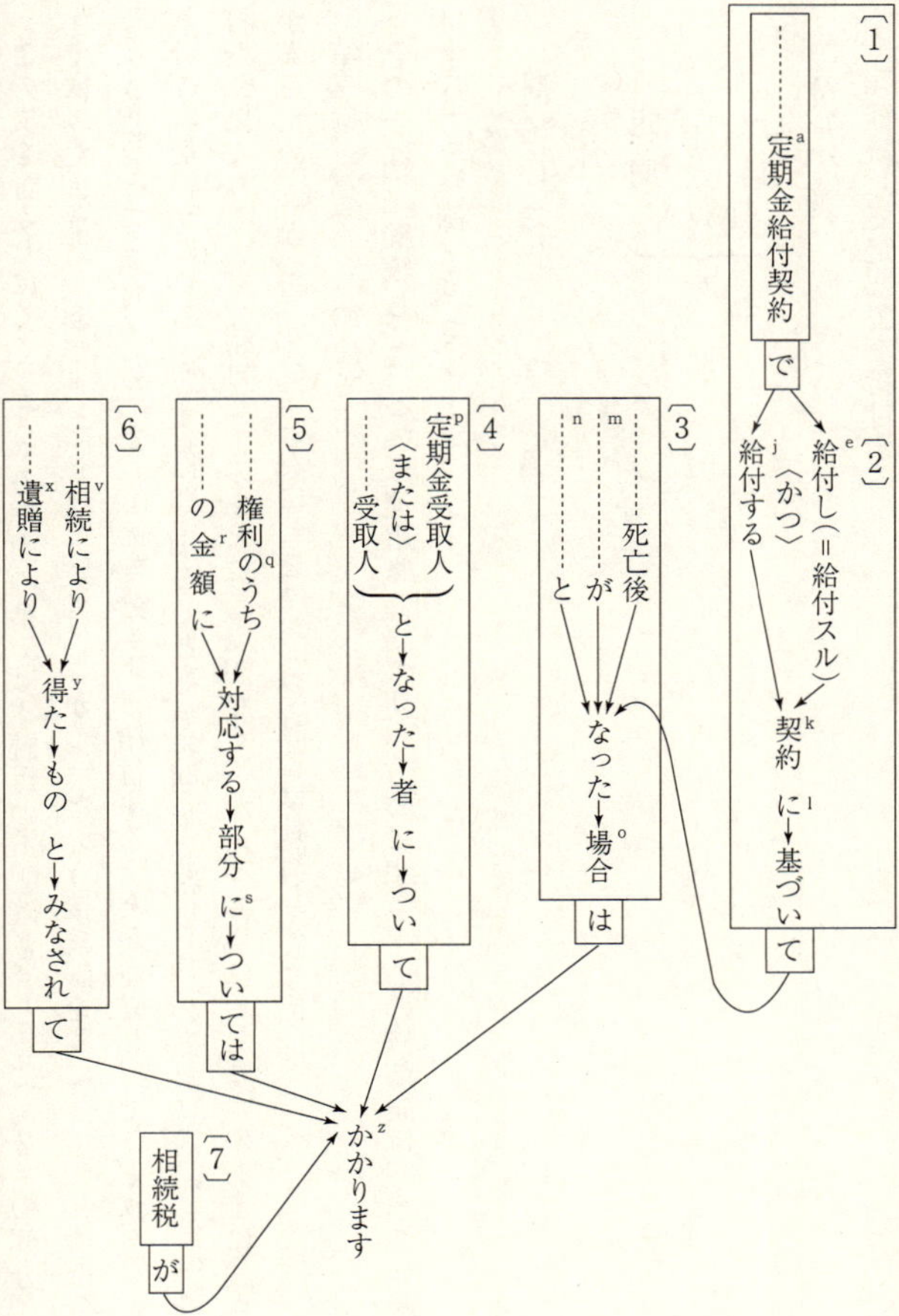
〔1〕
定期金給付契約
で
〔2〕
給付し（＝給付スル）
〈かつ〉
給付する
契約
に
基づい
て
〔3〕
死亡後
が
と
なった
場合
は
〔4〕
定期金受取人
〈または〉
受取人
と
なった
者
に
つい
て
〔5〕
権利のうち
の金額に
対応する
部分
に
つい
ては
〔6〕
相続により
遺贈により
得た
もの
と
みなされ
て
〔7〕
相続税
が
かかります

この文を分かりにくくしている理由の第二は、読点の不明確さ。とくに〔2〕の部分。すでにみたように（58ページ）、この部分は、「かつ[f]」という接続詞を間にして、(A)の部分「……給付し[e]（＝給付スル）」と、(B)の部分「……給付する[j]」とが並立し、それぞれが(C)の部分の「契約[k]」に係る。とすれば、少なくとも「定期金を給付し[e]」のあとに読点「、」を打たねばならない。「給付し[e]」のあとに読点がなく、かえって「にわたり[d]」のあとに読点があるため、「かつ[f]」がなにとなにとを結ぶか、読者は判断しかねる。

第三は、バランスの悪さ。

その一は、「継続して[h]」という連用修飾語の使い方のまずさ。この修飾語は、当然「給付する[j]」を修飾する（58ページ）。

継続して[h] → 給付する[j]

定期金[i]〈または〉一時金 を → 給付する[j]

この部分は、

(A)継続して[h]定期金[i]を給付する[j]

(B)[h]継続して一時金を[j]給付する

という二つの系列に分析して読むことができる。そう読むのがふつうだろう。だが、(B)の「継続して一時金を……」は矛盾している。この文の作者は、「継続して」を(A)の「定期金」についてのみ有効としたかったのだろう。しかし読者にそのような判断を強いるのは、不親切というものである。読者は、「[h]継続して」が(A)にも(B)にも有効であることを、かくて全体のバランスのとれることを、期待する。その期待を裏切ってはならない。

もっとも、「継続して定期金を……」という表現自体過剰である。「継続しない定期金」なんかあるはずがない。法律の文には、「継続して」というような表現は、一切使っていない。

バランスの悪さのその二は、〔6〕の部分（60ページ）にある。

(A)受取人となった[t]者が――→[u]相続人の→ときは
(B)受取人となった[t]者が――→[w]その他の者に――→ついては

このうち、(B)のようなつながり方はありえない。「……[t]者が→その他の者である→ときは」とでもしなければならない。

第四は、無用な表現が多いこと。右の「[h]継続して」も、そうであった。ほかにもある。たとえば――

(1)本来の受取人の生存中に受ける給付金のこと（〔2〕の部分の前半部）は、相続税と関係がないから、述べる必要がない。

(2)「[h]継続して[i]定期金または一時金を[j]給付する[k]契約に[l]基づいて、……[m]相続人その他の者が[n]定期金受取人または一時金受取人となった[o]場合は、[p]その定期金受取人または一時金受取人となった者について」。ここに、同じような語句が三つ出てくる。「i以下」と「n以下」と「p以下」と。なかでも、「n以下」と「p以下」とは、まったく同じである。これらは、できれば整理したい。

(3)この文で一番落ちつきの悪いのは、〔1〕～〔2〕の「……[a]定期金給付契約で……[e]給付し……[j]給付する……[k]契約に[l]基づいて」というところである。法律の文章(「相続税法」第三条第一項第五号)では「……定期金給付契約で……給付するものに基いて」とある。法律文の方は、これもそれほどすっきりしてはいないが、まだ分かる。「……契約で……する契約」という表現は、屋上屋を架している。

以上の観点から、この文を整理してみよう。

『保証期間付の郵便年金その他の定期給付金の本来の受取人が死亡したため、契約にもとづき、新たにその定期金または一時金の受取人となった者には、次の金額について相続税がかかります。(新たに受取人になったものが①相続人である場合は相続により、②その他の者である場合は遺贈により——得たものとされます。)

〔課税対象額〕その定期金給付契約に関する権利のうち、被相続人が負担した掛金・保険料に対応する部分。』

“時間がないので長くなった”

三つの例文を読んだだけで、読者はうんざりされたことであろう。だが、われわれはいくつかの教訓を得た。

(1)主語と述語との対応の悪さ。
(2)修飾語と被修飾語との対応の悪さ。
(3)語の選択のまずさ。
(4)読点の打ち方の不明瞭さ。
(5)文脈の混同。
(6)無用の表現。
(7)バランスの悪さ。

こういったものが、文を読みにくくしている。そして、その基本には、
(8)長文。
ということがある。文をこれほど長くしなければ、あるいはこれほど長くしないように心掛ければ、少なくとも(1)(2)(5)(6)(7)の大部分は避けられたはずである。

アナトール・フランスは、ある手紙で、「時間がなかったため、ついこの手紙が長くな

りました。」という意味のことを書いた、という。文章は時間をかけて削らねばならないこと、そしてそのことが読者に対し親切であることを、フランスの手紙は示唆している。

抽象という語に対し、捨象という言葉がある。ある表象から本質的なものを抽きだすのが抽象であり、反対に不必要なものを捨て去るのが捨象である。結果は同じかもしれないが、後者は、前者ほどには直観を必要としない。つまりは、後者の方がより機能的な方法といえる。ドイツ語の abstrahieren は、「抽象する」という意味もあるが、ふつう「捨象する（引き去る）」として使われる。たとえばカール・マルクスは、商品から、物体としての形や成分を、したがって使用価値を捨象して、労働価値を導きだした（『資本論』第一巻）。

なにかを調査し、レポートを書く場合、できるだけ多くのデータを集め、そのなかから、必要なものをとり、不要なものを捨て去るがよい。わたくしは昔、そのときの上司から、十の資料を集めて、二か三かを書くようにせよ、と言われたことがある。そうすれば、内容の濃いレポートとなる。ところが、二か三のデータから十の内容のレポートを書こうとする人がいる。これは誠実な方法ではない。おそらく内容稀薄なものになるであろう。野間宏は『さいころの空』を書くにあたって、兜町に日参し、株の知識を吸収し、証券取引所の場立ちの手振りまで完全に読めるようになった、という。あの膨大な量の小説の背後に、その数十倍ないし数百倍の資料がかくされているのである。

わたくしは、別の上司から、三千字ぐらいの文章を、その十分の一ぐらいに圧縮する練習をさせられたことがある。後年、清水幾太郎が学生たちに、一冊の本の内容を原稿用紙数枚にまとめる作業をやらせたことを知った(『論文の書き方』)。この方法は、文章修業にとってとりわけよい方法の一つである、とわたくしは考えている。

アナトール・フランスが夜遅くまで時間をかけて、手紙を書き直し短くしているのを想像するのは楽しい。フランスでさえそうであった。わたくしが苦心して文章を削るのは、当然のことではないか。

文章というものは、うっかりするとひとりよがりになりやすい。だから、冷却期間を置き、書いたものを一度客観の底に突き落として、冷静に眺めるとよい。作者としてでなく、一介の読者として。その意味でわたくしは、特別急ぐものを除けば、少なくとも一晩置いて、翌日あらためて見直すことにしている。そうすれば、かならずといっていいほど、文章の構成の甘さ、言いまわしのまずさ、無駄な表現などに気がつく。

もちろん、急がねばならない文章もある。たとえば、新聞記者は記事を書くのに、しめ切に間に合わないのではなんにもならない。同じレポートでも、一定短時間のうちに提出しなければならないものがある。そのときこそ、いっそう要点を押さえた簡潔なものにしなければならない。

簡潔な文章というとき、二つの意味がある。第一は、文章全体を短く簡潔にすること。

第二は、個々の文を短く簡潔にすること。いまわたくしは、主として文の簡潔さということについて述べて行くことにする。個々の文を簡潔にすることができなければ、文章全体を簡潔にすることは、とうていできないことであろう。

4、短いことはいいことだ

落とし穴を掘るな

文が長い、ということは、とりわけ日本語の場合、悪い結果を生むことになりかねない。もちろん長い文を書く人にも、すぐれた文章家はいる。たとえば野間宏、たとえば久保栄。二人とも、日本語文の淡白さに飽きたらず、油絵具を塗りかさねたような、こってりとした文章を、あえて書いた。そこにはかれらの芸術的信念があった。谷崎潤一郎の場合も、長文でなければ、あの風味のある流麗な文体は生まれなかったであろう（その谷崎も、『文章読本』で、口語体の文章が「長たらしくなり、放漫に陥り易いこと」を警告している）。

とはいえ、構造のしっかりした長文を書くことは、なみたいていの努力ではできない。それに、どちらかといえば、短文の方が読みやすいに決まっている。野間宏や久保栄のように、確乎とした信念があって書くのならともかく、ただ漫然と長文を書くのでは、ろくな結果を生まないであろう。とりわけ「伝達の働き」を重視しなければならない文章では、長文になることを警戒した方がよい。

長文は、だから、みずから掘った落とし穴のようなものである、と言える。

例5〔行政管理庁による〕[a]行政運営の[b]改善は、前叙のように将来に向った[c]予防的措置であって、[d]非違の[e]糾弾に編（偏—[f]筆者）することは[g]避けるに[h]あるものであって、その性質上過去に生じた違法不当な行為に対する[i]責任の追及とは[j]種々の面で[k]異なって居り、[l]その両者を[m]同一機関（＝行政管理庁のこと）で[n]遂行することは困難な問題が[o]あるのである。（注）

（東京高等裁判所「控訴審判決理由」）

（注）この例文は、高田茂登男著『国家の秘密とは何か』から借用した。文中の、誤字を指摘した「[f]筆者」とは、高田茂登男のことである。

この文は、第一に、係る語と係られる語との関係がはっきりしないところが多い。つながりは推測できても、その意味がとりにくい。

(1)「[a]行政運営の[b]改善は──→[c]予防的措置であって……」。改善が予防的措置である、とはどういうことか。舌っ足らずである。

(2)「[d]非違の[e]糾弾に偏することは[g]避けるに[h]ある」。「偏することは」は「偏することヲ」という意味をもつ（「8、「は」のイキは長い」参照）。では、「[g]避けるに[h]ある」に対応する主格はなにか。

[a]行政運営の[b]改善は ——

[d]非違の[e]糾弾に偏する↓こと　は（＝ヲ）↓[g]避ける　に↓[h]ある

「[b]改善は……（[g]避けるに）[h]ある」では、これも舌っ足らずである。「改善の目的は……（避けるに）ある」ということか。ただし、ここに「目的」という語を入れると、ほかの述語——c・k——につながらない。

それにしても、「行政運営の改善（の目的）は、非違の糾弾に偏することを避けるにある」とは、なんとも奇妙な言葉でないか。「……改善（の目的）は、役人の悪行をあばきすぎないように（あるいは、あばくことばかりしないように）することにある」ということを日本の裁判官が言ったとすれば、驚くべきことである。

(3)「……[i]責任の追及とは……[k]異なって居り」。この「[k]異なって居り」に対応する主格も「[a]行政運営の[b]改善は」だろうか。それ以外に見当たらない。「[a]行政運営の[b]改善は……[i]責任の追及とは……[k]異なって居り」とはどういうことか。

問題の第二。「[l]その両者」とは、なにとなにをいうのか。その候補としては、①「[a]行政運営の[b]改善」、②「[c]予防的措置」、③「[d]非違の[e]糾弾」、④「非違の糾弾に偏することを[g]避ける」こと、⑤「[i]責任の追及」——と、五つはある。そのうちのどれとどれとを指すのか。②と③とであることを判断することは、容易でない。

問題の第三。文にしまりがないこと。

この文の主・述を抽出すると、次のとおりである。

「〔A〕[a]行政運営の改善は……、[c]予防的措置であって、……[h]あるものであって、……[k]異なって居り、〔B〕……[n]遂行することは……[o]問題があるのである。」

つまり、〔A〕の部分は「あって」「あって」「居り」と、三つの中止形でダラダラとつづき、それでも終わることなく、〔B〕の部分へと、主格を変えて続く。

語と語とのつながりが曖昧模糊としているのは、一つは作者の考えがよく整理されていないことによるのだろう。考えが整理されていないがゆえに、作者はつい長文を書いた。長文という落とし穴を掘り、みずからその中へ落ちこんだ、というわけであろう。

この文の主旨は、要するにこういうことでないか。

『[1]行政運営の改善は、違法不当な行為を予防するために行なうべきものであって、違法不当な行為を糾弾するために行なうべきものでない。[2]これらの行為に関する責任の追及は、別になされねばならない。[3]予防的措置と責任追及との二つを同一の機関で行なうのには、困難な問題があるのである。』

三つの文に分けた。この方が自然であろう。

焦燥を感じさせるもの

例6　[1]くわしいことは同書によって見られたい。[2a]ただ一カ所、大阪昇文館主の[b]市田元蔵が、[c]京都駅前広場で、[d]壮士の弾く月琴に合わせて[e]うたわれる[f]歌、

　百里の山河一睡の　夢を載せ行く汽車の旅

〔中略——この間五行、八六字〕

　義士の昔を忍びつゝ……

という欣舞《きんぶ》節《ぶし》の[g]「汽車の旅」に[h]ヒントを[i]得て、かつて「三銭字引」を[j]作ってもらったことのある[k]大和田建樹《たけき》に[l]「鉄道唱歌」を[m]依頼するということになるのだが、[n]その「汽車の旅」の[o]作者を、「作詞はそのころの流行歌の総元締めだった添田《そえだ》啞《あ》蟬坊《ぜんぼう》の弟子で、不知山人こと横江鉄石の作であった。」と書いているが、[p]不知山人と横江鉄石は明らかに別人で、不知山人[q]というのは啞蟬坊の[r]別名である。

（藤田圭雄『歌の中の日本語』）

この文も、読者に焦燥を感じさせる。理由はいくつかある。

第一に、第2文の主・述の間がひどく長い。たとえば、主語「[b]市田元蔵が」に対応する述語は、「[i]得て」と「[j]作ってもらった」と「[m]依頼する」とであった。これだけ主・述の間が長いと、述語を探すのに苦労しなければならない。

第二に、どの修飾語がどの語に係るのか、分かりにくいところがある。

(1)連用修飾語「京都駅前広場で」[c]は、「うたわれる」[e]を修飾するのか。もしかしたらもっとあとの語を修飾するのでないか、という疑問が残る。「(ヒントを)[h]得て」[i]でないか、「作って[j]もらった」でないか、「依頼する」[m]でないか。結局「うたわれる」[e]であった。

それにしても、①「京都駅前広場で[c]……うたわれる[e]歌[f]」とは、どういうことか。ほかの場所ではうたわれない、ということか。②「壮士[d]の弾く月琴に合わせてうたわれる[e]歌[f]」とはどういうことか。伴奏なしでは歌われない、月琴以外の楽器の伴奏では歌われない、ということか。そんな歌があるのだろうか。

そうではないだろう。もしかしたら、京都駅前で市田元蔵がその歌を聞いた、ということでないのか。もしそうであるなら、「京都駅前広場で」[c]が修飾するのは、「聞いた」というような語でなければならない。

(2)「壮士[d]の弾く月琴に合わせてうたわれる[e]」というけれど、うたう主体はだれか。伴奏をするのは壮士である。しかし、だれによって歌われるのか分からない。だれによって歌われるのか、格別分からなくてもさしつかえないが、伴奏の主は明らかにされているのだから、読者としてはやはり気になるではないか。当時の風習を考えるならば、壮士が伴奏しながら歌ったのかとも思われる。もしそうであるなら、原文は、かなり無神経な表現であると言わねばならない。

壮士[d]の弾く月琴に↓合わせて↓うたわれる[e]↓歌[f]

でなく、次のように表現しなければならない。

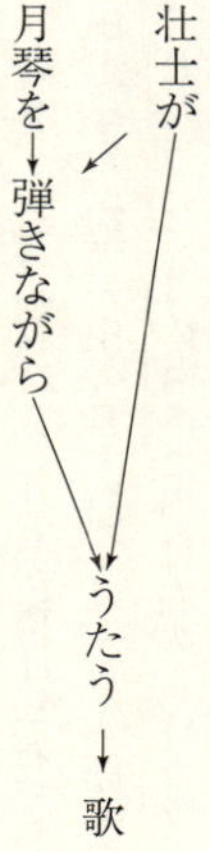

こうすれば、月琴を弾くのも歌をうたうのも「壮士」であることが明らかになるだろう。

第三。被修飾語を探すのに苦労するだけでない。「ただ一カ所」という連用修飾語にいたっては、これに対応する被修飾語を見いだすこともできない。尻切れトンボである。作者は、「ただ一カ所……訂正しておきたい」とでも言いたかったのだろう。そのしまりを付けるのを忘れてしまった。

第四。せっかく長文を読み進んだのに、「なるのだが」という語があらわれた。つまり、いままでのは従属句であり、本論はこれからあらわれるのだ。そのあと、またまた「書いているが」となる。いったいどうなっているのだ、と読者はいらいらする（接続の助詞「が」の使い方については、「12、この漠然たるもの」において触れる）。

第五。まだある。

(1)「鉄道唱歌」を依頼した、というのは、作詞を依頼したのか、作曲を依頼したのか。

この例文の前の方に、大和田建樹が「故郷の空」などの作詞者である、と書いてあるから、ここでも作詞を依頼したのであろう、と想像はできるが、明確に書いた方がよい。

(2)不知山人というのは啞蟬坊の別名であって、「不知山人＝横江鉄石」ではない、と言っている。では、「汽車の旅」の作詞者は、鉄石なのか啞蟬坊なのか。

この例文は、次のように改めてみたらどうだろうか。まず結論を述べる。

『[1]……（略）……。[2]ただ一カ所、訂正しておきたい。[3]大阪昇文館主の市田元蔵が、その頃京都駅前広場で、壮士が月琴を弾きながら歌うのを聞いた。

[4]百里の山河……（略）……

義士の昔を忍びつ、……

[5]この欣舞節の「汽車の旅」にヒントを得て、かつて「三銭字引」を作ってもらったことのある大和田建樹に作詞を依頼したのが「鉄道唱歌」であった。[6]そのヒントとなった「汽車の旅」の作詞者について、著者は、「そのころの流行歌の総元締めだった添田啞蟬坊の弟子で、不知山人こと横江鉄石の作であった。」と書いている。[7]ところが不知山人とは、横江鉄石のことでなく、啞蟬坊の別名であり、「汽車の旅」の作詞者は、啞蟬坊その人であった。』

もっとも、「汽車の旅」の作者が横江鉄石であったのなら、最後の部分が変わってくる。

藤田圭雄の『歌の中の日本語』は、日本語の美しさを考えさせてくれる貴重な書物である。それだけに、この著のなかに右のような文があるのが残念でならない。

結論を先に

長文の弊害については、すでに何度か述べた。これからも述べることになろう。結論を先に述べることは、できるだけ心がけた方がよい。とりわけ事務的な文章においては。もちろん、小説や戯曲は、たとえば心理の葛藤やカタストロフへの過程などが大切であるから、いきなり結論を出すわけにはいかない。推理小説なんかはとりわけ、結論を先に出しては、身も蓋もない。

とはいえ、限られた範囲においては、できるだけ結論を先に出した方がよい。それは小説においても同じことである。

たとえば「わたしは、今日、駅の近くの、……という名の喫茶店で、甲を乙に紹介した。」という文を英語に訳せば、おのずから先に結論が出てくるであろう。「わたしは紹介した、甲を乙に、今日、喫茶店で、……（以下、喫茶店の説明）。」ということになろう。そして、この場合、英語の方が理解しやすい。急ぐ場合、読者は、あとの方を読まなくてもよい。それでも用は足りるだろう。日本語文では、文の最後まで読まなくては、「わたし」がなにをしたのか、あるいはなにかをしなかったのか、分からない。

日本語の文章において結論を先に述べるとどうなるか。必然的に文はいくつかの短文に分割されるであろう。「わたしは今日、甲を乙に紹介した。そこはエトワールという名の喫茶店。駅前の、開店間もない、よい音楽を聞かせるところであった。」などと。

こういう分割によって、文の単調さを破ることさえ可能である。たとえば次の文。

例7　[1]後宮にはいって九年目に、昭君に一つの事件があった。[2]その年、詳しく言えば建《けん》昭《しょう》四年のことであるが、その正月に、長く漢に敵対していた匈奴の郅至《しっし》単于《ぜんう》の首が都に到着しそれが街中に梟《きょう》せられた。[3]その頃匈奴は二つの勢力に分れて二人の単于（＝首長）が立っていた。[4]弟の呼《こ》韓邪《かんや》単于の方は漢に対して臣属の態度を取っていたが[a]、兄の郅至単于の方はずっと漢に敵対しており、漢にとっては悩みの種であったが[b]、ついにその前年郅至単于は漢軍と闘って敗れ、その首級が京師《けいし》に送られるに到ったのである。

（井上靖『明妃曲』）

下手な小説家は、「Aの次にBをして、次にCをして、Dの理由でEをして……」という具合にダラダラと文章を続ける。しかし、井上靖の文章は、さすがに、要を得、簡に徹している。

その順序は、①事件があったということ（一応の結論）、②事件とは郅至単于の首が梟せられたことであること（事件の概要）、③匈奴が二勢力に分かれていたこと（背景）、④弟の単于は漢に臣属していたが、兄の郅至単于は漢に敵対していた、ということ（背景の詳細）、⑤その郅至単于の首が漢に送られてきたこと（事件の詳細）——となっている。つまり簡単な結論から、事件の概要と背景、それらの詳細というふうに、拡がっていく。読者は予備知識をもって、安心して読み進むことができる。

ただし、④と⑤とが一文になっているのには、いささか無理がある。接続の助詞「が」を二つ（a・b）も使っているのは、その無理のあらわれである。ここは二つの文に分けた方がよい。

次の例はどうか。

例*8*　いま仮りに[a]国鉄全線を、[b]運賃を[c]大幅に[d]引き上げたとしても、[e]絶対に[f]黒字に[g]なりっこなく、[h]しかし[i]公共的役割からみて[j]非常に[k]重要な、[l]いわば公共負担線ともいえる[m]「地方交通線」と、適正な運賃水準さえ保たれれば、全体として収支相償い、しかも鉄道としての特性を十分に発揮出来る[n]「幹線系線区」[o]とに分けてみると、[p]両方ともちょうど一万キロずつになります。（国鉄「国鉄は訴える」〝朝日新聞〟所載）

この文について、中田祝夫（東京教育大学教授・国語学）は、次のように書いている。

〝わたしにはこんな文は、何回繰り返しても、頭に入ってこない。……（略）……[①]「国鉄全線を」の目的語の続き方がわからない。[②]「しかし」の逆説《ママ》の接続詞が全くきいていない。〟（「言語生活」一九七五・九月号。①②の記号は千早が加えた。なお「逆説」は、「逆接」の誤りであろう。）

だが、右の例文に文法上の誤りがあるわけではない。まず①。「国鉄全線を[a]」は、次（左の図）のとおり「分けてみる[o]」に係る。「地方交通線[m]」と「幹線系線区[n]」とは、対語になっていないので、分かりにくい。作者も気になったのか、カギカッコで包んで、分かりやすくしているが、私は、「地方線」と「幹線」という分け方の方がよい、と思う。

国鉄全線を[a]

……「地方交通線[m]」〈と〉
……「幹線系線区[n]」〈と〉 } に → 分けてみると[o]

①に関するカギが解ければ、②の「しかし」の効用は簡単に分かるだろう。

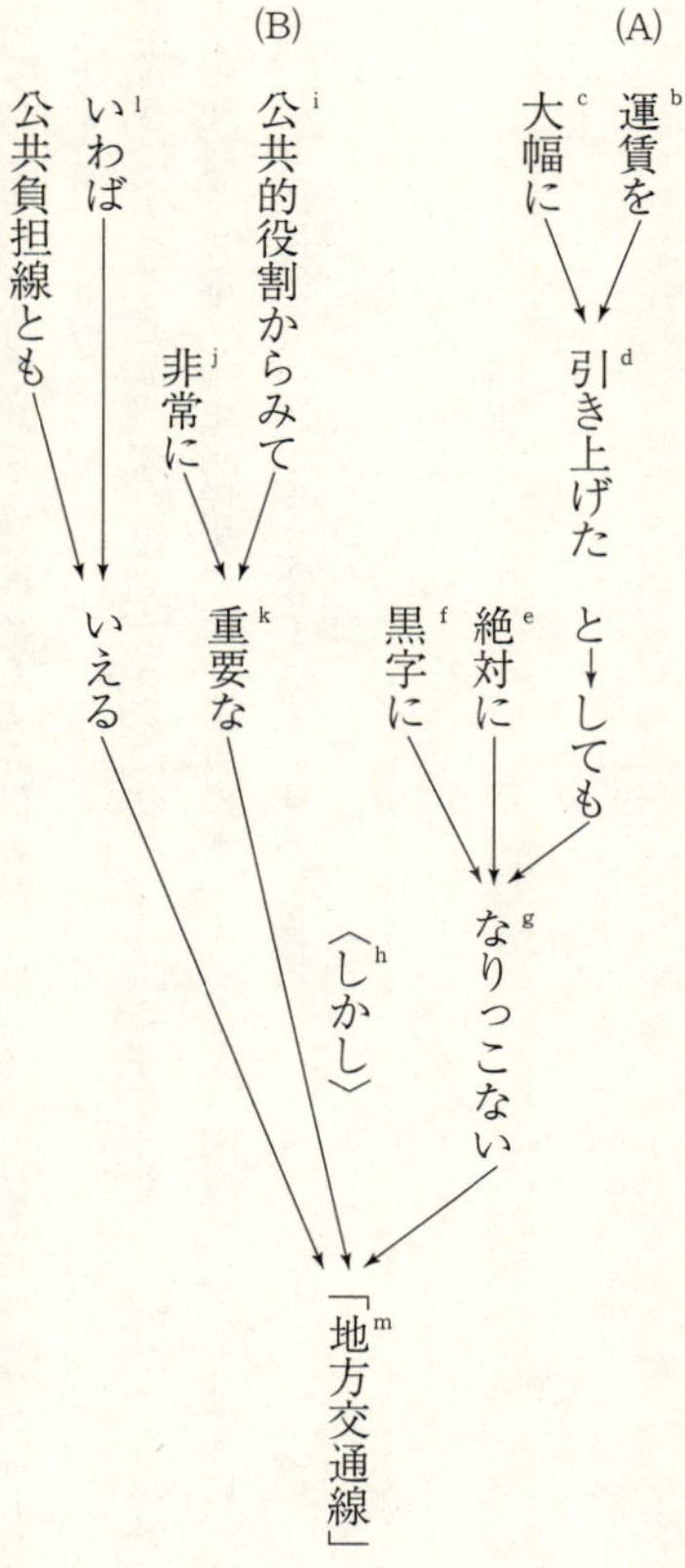

「しかし」[h]は、(A)と(B)とを結ぶ接続詞であった。このように分析してみると、この文は、けっしておかしい文ではない。

にもかかわらず、国語学の教授に「わたしにはこんな文は、何回繰り返しても、頭に入ってこない」と言わせたのは、なぜか。なんといっても全体がひどく長いこと、とりわけ「国鉄全線を」[a]と「分けてみる」[o]との間が、青森と下関とぐらい離れていること、による。

病気の原因が明らかになれば、療法はおのずから明瞭である。たとえば——

『いま仮りに、国鉄全線を次の二つに分けてみると、ちょうど一万キロずつになります。

⑴運賃を大幅に引き上げたとしても絶対に黒字になりっこない、しかし、公共的役割からみて非常に重要な、いわば公共負担線ともいえる「地方線」。
⑵適正な運賃水準さえ保たれれば全体として収支相償い、しかも鉄道としての特性を十分に発揮できる「幹線」。』

ここでは、①はじめに結論を持ってきた。②箇条書きを使った。③「地方線」・「幹線」と、両者を対語とした。④「両方とも」は除いた。なお、④「引き上げたとしても」のあとの読点を除き、「しかし」のあとに読点を入れた。この場合の読点の加除は、絶対必要な要件ではない。が、右のように改めた方が読みやすいだろう（読点については「13、切れ目を示せ」で詳しく述べる）。

箇条書きにすることは、文を短くするのに役だつ。箇条書きはまた、いやでも作者にその考えを整理させる。考えが曖昧では、箇条書きにすることは困難である。ゆえに、箇条書きは、必然的に読者への伝達をより容易にするであろう。

5、なにが主格か

主格が分からない

例9　最前列の[a]本店営業部長が[b]たち上り、[c]支店長を代表した形で、本店と支店とが一体となって預金増強の目標を目指す決意を[d]述べはじめた時、[e]総務部長が芥川常務に何事か耳元で[f]報告し、次いで[g]芥川が万俵頭取に[h]伝えると、そそくさと席を[i]たって行った。

（山崎豊子『華麗なる一族』）

この文、最後の述語「[i]たって行った」に対応する主格が分からない。日本語文ではかならずしも主語がなくてもよいのだが、主格が分からないのでは困る。主格は多分「万俵頭取」であろう。しかし、もしかしたら「芥川」でないか、という疑いが残る。結局は、前後の関係から推定するしかない。頭の体操をしているのならともかく、一般には、推定を強いる文章はよくない。

「[i]たって行った」の主格が「万俵」だとすれば、この文の主述関係は、少なくとも四つある。

(A)[a]本店営業部長が→[b]たち上り……[d]述べはじめた
(B)[e]総務部長が→[f]報告し
(C)[g]芥川が→[h]伝える
(D)（万俵頭取が）→[i]たって行った

一つの文に少なくとも四つの主格があるのでは、読んでいて落ち着かない。なによりも作者が落ち着かなかったのでないか。だからこそ、このような曖昧な文となったのでないか。

『[1]最後に、最前列にいた本店営業部長がたち上り、営業店長を代表した形で、本店と支店とが一体となって預金増強を目指す決意を述べはじめた時、総務部長が芥川常務に何事か耳元で報告した。[2]次いで芥川が万俵頭取に伝えると、万俵はそそくさと席をたって行った。』

「万俵は」という主語を加えた。また、主格の混乱を避けるため、文を二つに分けた。

なお、「[c]支店長を代表した形で」は、「営業店長を代表して」と改めた。「代表」とはふつう「一部分によって、それの属する全体を表わし示すこと」（『岩波国語辞典』）を意味する。ところが、本店営業部長は支店長ではない。ゆえに、本店営業部長が支店長を代表するのはおかしい。「営業店長」なら、本店営業部長も支店長もこれに属する。

日本語の文は、かならずしも主語を必要としない。そのことは、「2、日本語文の構造」でも述べた。たとえば――

(1)「いまからお伺いします。」（自分の行為）

(2)「よく来ましたね。」（相手の行為）

(3)「どうぞお掛け下さい。」（相手の行為）

(4)「たいへんおいしかった。」（主格について、相手方との間に、あきらかな諒解のある場合）

(5)「Aは立ち上がり、Bに握手を求めた。」（中止形を経て、主語の効果が続く場合）

(6)「[1]Aが帰ってきた。[2]ひどく疲れていた。」（第1文の主語があとの文についても有効である場合）――など。

これらのうち、(3)と(5)とは、英語の場合と共通する。その他については、日本語独特のことと言ってよいだろう。主語がなくても、文は成立する。だからといって、主格が不明瞭であってもよい、という理由はない。主格が不明瞭であるならば、いたずらに読者を困惑させるばかりである。

例*10*　[1]大雪の中で[a]出産して守口の里へ[b]伝介が[c]お国を担ぎこんだのは、今から十四年も昔のことだった。[2d]あのときから数えて、お松は今年[e]二十三歳になる。

（有吉佐和子『出雲の阿国』）

「[a]出産して」の主格は「[b]伝介」であるかのようにとれる。

(A)[1]上京して甲が[2]乙に会ったのは……

(B)[1]上京して乙が[2]甲に会ったのは……

ともに冒頭に「上京して」という述語を置いているが、この述語に対応する主格は、(A)の場合は甲であり、(B)の場合は乙である。

例文の場合、当然次のように読まれるであろう。

「(伝介が)→出産して」

だが、男である「伝介」が出産するはずがない。

『[1]大雪の中で出産したお国を、伝介が守口の里へ担ぎこんだのは、今から十四年も昔のことだった。[2]あのとき幼かったお松も、今年二十三歳になる。』

第2文、原文の「[d]あのときから数えて……[e]二十三歳になる」は、おかしい。「あのときから数えて○○年」ということと混同したのだろう。『あのときのから数えれば、お松も今年二十三歳になるはずである』としてもよい。

主格の混乱

主語がなくても、文は成立する。これは日本語の長所である、といってよい。だが——主語がなくてもすむゆえに、ついうっかり主格の存在を忘れてしまう。あるいは、自分の頭のなかに主語ができているけれど、つい表現することを忘れて、読者に混乱を起こさせる。そういうことになりかねない、という欠点もある。

例11　[a]大和朝廷は遠征に従事した[b]出雲氏が功を[c]終えても[d]帰国せず、自ら奉ずる大己貴神《おおなむちのかみ》を[e]祭って勢力を[f]扶植しているので、物部氏を主力とする追討軍を[g]差向けた結果、遂に神宝を[h]検校《けんぎょう》して[i]帰順した。

（真弓常忠『天香山と畝火山』）

ここに主語が二つある。主・述の対応は、次のとおりである。

(A)　[a]大和朝廷は（＝大和朝廷ガ）→[g]差向けた

(B)
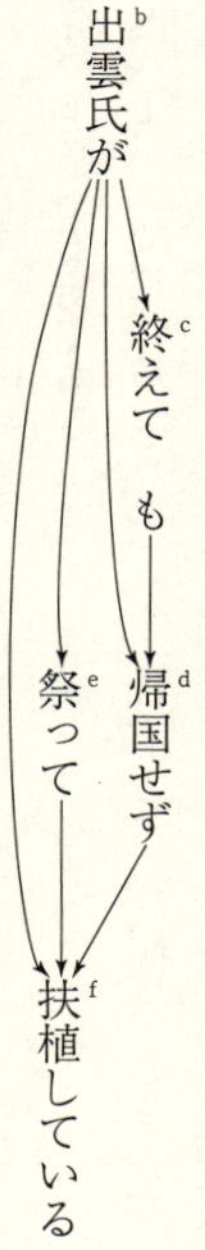

(C)

?→検校して[h]→帰順した[i]

(C)の部分、主格が不明である。

あと（118ページ）で述べるように、「……は」という語は、イキが長い。だからこそ、「b→c・d・e・f」という主・述を挟んで、「a→g」という主・述の対応が可能なのである。

別の言い方をすれば、読者が「差向けた[g]」という述語を読んだあとも、別に指示のない限り、「大和朝廷は[a]（＝大和朝廷ガ）」という題目語（兼主語）は、生きているのである。とすれば、「検校して[h]」「帰順した[i]」の主格は、「大和朝廷」でなければならない。だが、大和朝廷が帰順した、というのでは意味が通らない。

ところで、「検校」とは、「物事の点検・勘校をなすこと」「あらためかんがえること」（『広辞苑』）などの意味を持つ。「日本書紀」では「汝親《いましみずか》ら出雲《いづも》に行《まかり》て、（神宝を）検校《かむが》へ定《さだ》むべし」という使い方をしている（岩波版『日本古典文学大系』）。すると「検校し」の主格は「追討軍」であり、「帰順した」の主格は「出雲氏」であらねばならない。

『[1]大和朝廷は、遠征に従事した出雲氏が功を終えても帰国せず、自ら奉ずる大己貴神を祭って勢力を扶植しているので、物部氏を主力とする追討軍を差向けた。[2]その結果、追討軍は、出雲氏の持つ神宝を検校し、ついにかれらを帰順せしめた。』

文を二つに分け、第2文に「追討軍は」という題目語（兼主語）を入れた。また、第2文の主格を「追討軍は（＝ガ）」で統一するため、述語を「帰順せしめた」と使役の用法に改めた。

この例文は、作者が他の人の論点を整理したものである。そういう場合でも、文の責任がその作者にあることは、いうまでもない。

主格の混同は、日本語文の場合、わりあい平気になされている。

「絶賛発売中」という言葉もそうである。自分が絶賛し自分が売っている、というようようにとれる（それがホンネかもしれないが）。むかしは、「絶賛裡……」と書いた。「裡」が当用漢字でない、というのなら、「絶賛裏に……」と書けばよい。それに「発売中」もおかしい。「発売」とは「売り始めること」。ゆえに「発売中」という表現には、矛盾がある。この場合、正しくは「絶賛裏販売中」と書くべきであろう。

例*12*　このため腹を立てた同部（＝野球部）二年生A（17）、同B（17）、同C（16）の三人は、キャッチャーマスクを預かって、しまい場所を忘れた一年部員十六人を野球部室に集め「たるんでいる」と三人を殴りつけ、うち一人が耳のコマクにけ[a]がをした。

（〝日本経済新聞〟記事）

「二年生の三人は、一年生の三人を殴りつけ、そのうち一人がけがをした。」要約すればこうなる。けがをしたのは、なぐりつけた方――二年生――ということになる。よほど不器用な生徒だったのだろう。実際はそうでないはずである。

『このため腹を立てた同部二年生……（略）……の三人は、キャッチャーマスクを預かっていてそのしまい場所を忘れた一年部員十六人を野球部室に集め、「たるんでいる」と、うち三人を殴り、そのうちの一人の耳のコマクにけがをさせた。』

最後の部分「けがをした[a]」を「けがをさせた」と使役の用法に改めた。

例13 米軍爆撃機編隊の中の一機を撃墜[a]して戦死者[b]がでる[c]と、それから三日間ぐらい、残り[d]が連日仲間の弔《とむらい》合戦にやって[e]きて、爆撃をし花束を投下[f]して行く。

（阿川弘之『私記キスカ撤退』）

(A)（友軍ガ）→撃墜[a]して
(B) 戦死者[b]が→でる[c]
(C) 残り[d]が→やって[e]きて
(D)（残り[d]が）→投下[f]して行く

「撃墜[a]して」の主格が「友軍（日本軍）」であることは、明らかである。

(A)における主格が「友軍」であるなら、(B)における主格は「友軍の戦死者」である、と思うだろう。ところが、(C)の部分の主格は、「米軍の残り」らしい。それならば、(B)の主格は、じつは「米軍の戦死者」であったのか……。このように試行錯誤を繰り返さねばならない。このような文が機能的であるはずがない。

『米軍爆撃機編隊の中の一機が撃墜されて戦死者がでると、……（略）……花束を投下して行く。』

「撃墜して」を「撃墜されて」と受身の形に変えてみた。これにより、(A)(B)(C)のどの部分も、主格の立場が統一された。こうすれば、読者を惑わせることがない。

日本語では、どちらかといえば、受身や使役の形を使うことが少ない。たとえば、戦争で殺されることでも、「戦死する」と、自動詞を使って表現する。ヨーロッパ語では、こういう場合、自動詞を使うこともないではないが、他動詞の受身を使い「戦争で殺される(注)」と言うことが多い。これは、戦死に対する考えの相違にもよるのだろう。日本では「戦死」を運命として享受する面があったのではないか。これに対しヨーロッパでは、「戦死」とは自己の意志に反し、自己を抹殺されるものである、という考えが強かったのでないか。その不条理への抗議が「殺される」という表現をとったのではないだろうか。

(注)　英語では be killed in action（war）と言い、フランス語では être tué（e）à la guerre と

いう。

とまれ、受身や使役の用法は、行為の主体をはっきりさせるのに役だつ。日本語文でも必要なときは、受身や使役の形をとった方がよい。その方が主格を統一させ、話の筋を明瞭にすることが多い。

必要な主語をサボるな

例*14* 途端に、酒井の学者めいた固い表情にほのかな動揺があらわれ、冷たいコーヒーをひと口啜[a]った。

（斎藤栄『徒然草殺人事件』）

「啜[a]った」に対応する主格が明らかでない。

『途端に、酒井の学者めいた固い表情にほのかな動揺があらわれ、酒井はそこで冷たいコーヒーをひと口啜った。』

もっとも、原文にしても改訂文にしても、前半から後半へのつながりが不自然である。

わたくしが作者なら、次のように書くであろう。

『途端に、酒井の学者めいた固い表情にかすかな動揺があらわれ、それを隠すかのように、かれは冷たいコーヒーをひと口啜った。』

例*15*　[1a]七八度の押込み強盗に男が[b]すでにすっかり一人前になった時、[c]女は蔵の鍵をあ[d]ずけ、蔵から好きなものを出させ自由に[e]使わせて一二年を[f]経た。[2]ある時、[g]男はちょっとした用事で[h]外出した[i]が、[j]女は例の通り、[k]馬や供人《ともびと》をそろえて[l]出立させた。[3]ところがふとした時、[m]供人は馬もろとも[n]消え失せ、[o]不安になって[p]帰宅してみると、[q]かつて物を自在に持ち出すことの[r]出来た[s]蔵も[t]家も、跡かたもなく、もちろん、妻である女も行方しれなかった。

（馬場あき子『鬼の研究』）

各文とも少しずつおかしいところがある。

(1)もっともおかしいのは、第3文の「[m]供人は……[n]消え失せ、[o]不安になって[p]帰宅してみる」という表現。「不安になって帰宅し」たのは、「供人」であったように読める。そうではないだろう。

(A)[m]供人は（＝供人ガ）→[n]消え失せ
(B)（男ガ）→[o]不安になって
(C)（男ガ）→[p]帰宅してみる　と

こういう主述関係であるだろう。それならば、(B)の部分に主語を明確に入れなければならない。

(2)第1文、「自由に使わせて[e]一二年を経た[f]」という表現はおかしい。「自由に使わせることにしてから、一~二年を経た」とでもいうべきである。それに、[c]「女は……してから、一二年を経た[f]」もおかしい。「女は」という題目語を使うべきでない。

(3)第2文。「男は[g]……外出[h]した」と「女は[j]馬[k]や供人をそろえて出立させた[l]」との間の接続の助詞「が[i]」の意味が曖昧である。読者はまず、これを逆接の助詞（「しかし」という意味）と考え、あとで、なるほどあれは無意味な「が」であったか、と気づくだろう。

『[1]七~八度の押込強盗で、男がすっかり一人前になった時、女は男に蔵の鍵をあずけ、蔵から好きなものを出させ自由に使わせることとした。[2]それから一~二年を経たある日、男がちょっとした用事で外出したとき、女がいつものとおり付けてくれた供人も馬も、ふとしたはずみに消えてしまった。[3]男が不安になって帰宅してみると、かつて自在に物を持ち出すことの出来た蔵も、住んでいた家も、跡かたなく、もちろん妻である女も行方しれなかった。』

傍点部分を改めた。上記(1)(2)(3)のほか、次の点をも改めた。

(4)「七[a]八度」「一二年」は、「七十八度」「十二年」とも読めるので、「七~八度」「一~二年」とした（「七、八度」「一、二年」でもよい）。

(5)「かつて[q]物を自在に持ち出す[r]ことの[s]出来た[t]蔵も家も」は、

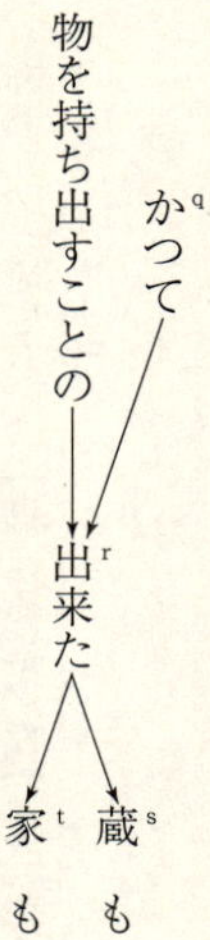

と読める。しかし「……出来た」が「家」[t]にかかるのは、事実に反するだろう。「出来[r]た」は「蔵」[s]にだけかかる、「家」[t]にはかからない、ということを読者に判断させねばならないのは、不親切である。ほかの直しようもあろうが、ここでは、「家」にも修飾語を付け、両者のバランスを取った。

とまれ、必要な主語をサボってはいけない。

6、述語は基幹である

述語を探せ

日本語の場合、主語・対象格語（「……を」）・方向格語（「……へ」）・位置格語（「……に」）などを省略しても、文は成立する。述語を省略することは、原則としてできない。が、まったくできないわけではない。「どちらへ」「ちょいとそこまで」などもそうである。

お手討の夫婦なりしを衣更え　（蕪村）

劇的な内容をわずかな言葉で表現した、その手腕は、みごとである。ここには、明瞭な述語がない。「お手討の夫婦なりしを許されて、いまや衣更えの季節を迎えるにいたった。」というところか。もちろん、その間にさまざまの事柄を想像させる。かくされた述語はもちろん、「許されて」「迎えるにいたった」である。詩歌には、この種の省略が多い。

散文の場合はどうか。

例*16*　一五〇〇（三時）[a]「大和」[b]出港　[c]艦静カニ前進ヲ[d]始ム　[e]出港ハ港内ニ[f]本艦一艦ノミ　秘カニシテ悠容タル[g]出陣

（吉田満『戦艦大和ノ最期』）

(A)　[a]「大和」（ガ）↓[b]出港（ス）
(B)　[c]艦（ガ）↓[d]始ム
(C)　[e]出港（スルノ）ハ↓[f]本艦一艦ノミ（ナリ）
(D)　（コハ）↓[g]出陣（ナリ）

(A)においては、述語の送りがなが省略され、(C)(D)では、指定の助動詞「ナリ」が省略されている。これらが省略されていることは明らかであり、ゆえに、[b]「出港」[f]「本艦一艦ノミ」[g]「出陣」がそれぞれ述語であることも明白である。そして、送りがなや「ナリ」が省略されて、いわゆる体言どめとなっていることが、この文を簡潔で力強いものにし、緊迫したリズム感を生みだすのに役だっている。

口語文の場合でも、述語が体言止めの形をとることは少なくない。だが、次の体言止めは、述語を形成していると言えるか。

例*17*　[1]美空ひばりの弟
[2a]かとう哲也がついに[b]逮捕!!

（〝週刊明星〟の車内広告）

「[b]逮捕」という語のあとには、当然、送りがなが省略されている、と判断できる。送りがなは「する」である。あるいは、過去の助動詞をつけて「した」と読んでもよい。すると、第2文の主述関係は、次のようになる。

　[a]かとう哲也が→逮捕した

事実は、かとう哲也が逮捕したのでない。かとう哲也は、逮捕されたのである。だから、第2文は、

[2]『かとう哲也、ついに逮捕される』

[2]『かとう哲也をついに逮捕』

などと書いた方がよい。

例*18*　[1]ここ〔=工業試験場〕で得た[a]答は、[b]畝火山《うねびやま》は耳成山《みみなしやま》とともに黒雲母安山岩から[c]成っており、[d]天香山《あまのかぐやま》は、角閃はんれい岩より成り、[e]元来[f]陶土として[g]用い得る[h]地質ではない。[2]白埴・赤埴〔いずれも天香山で採集された土〕も、火崗岩の風化したもので、これだけで[i]はよほどの圧力を加えても土器にはならないとのことであった。

（真弓常忠『天香山と畝火山』）

第1文における主述関係は、次のとおりである。

(A)……[a]答は↓？
(B)[b]畝火山は↓[c]成っており
(C)[d]天香山は↓[e]成り
(D)？　↓[h]地質ではない。

これらのうち、(B)(C)には、いずれも主・述の対応がある。だが、(A)には、主語（兼題目語）（注）「[a]答は（＝答ガ）」に対応する述語は見当たらない。また、(D)では、「[h]地質ではない」に対応する主格が不明である。

（注）題目語については、「8、「は」のイキは長い」で述べる。

(D)における主格は、①「[b]畝火山」と「[d]天香山」との双方であるようでもあるし、②「[d]天香山」だけであるようでもある。①であるならば、「ともに」あるいは「どちらも」というような修飾語を加えた方がよいし、②であるならば、「後者は」というように主語を入れた方がよい。前後の関係から推せば、①が正解らしい。

さて、(A)の「[a]答は（＝答ガ）」という題目語兼主語に対応する述語は、文中に見当たらない。多分忘れたのであろう。わたくしはそう思っていた。この原稿を書いているあいだ、ずっとそう考えていた。この書物のゲラ刷りを校正するとき、もう一度原典を読み返してみた。もしかしたら、そのあとの文（例文の第2文）の「[i]（こと）であった」が「[a]答は」に対応する述語である、と作者が考えているのではないか。そういう疑問に捉われ、わたくしは驚愕した。

第1文の「[a]答は」に対応する述語は、①作者が書くのを忘れたのか、それとも②第2文の「[i]ことであった」と考えていたのか。かりに②であったとしても、第1文が文として成立しないことは同じである。

このような場合、①できるだけ早く述語を書いて、文をしめくくるか、あるいは②次のように箇条書きにするか——などの工夫をした方がよい。

『ここで得た答は、①畝火山は、耳成山と同様、黒雲母安山岩から成り、天香山は角閃はんれい岩から成っており、ともに元来陶土として用い得る地質でない、また、②白埴・赤埴も、火崗岩の風化したもので、これだけではよほどの圧力を加えないと土器にはならない——ということであった。』

述語は幹

日本語の文では、述語が幹である。主語も対象格語も、方向格語も位置格語も、その他の修飾語も省略できるが、述語は原則として省略できない。述語のない散文は、幹のない樹——そんなものがあるとすれば——のようなものである。

例*19*　[1a]民族の主導権の交代によって、硬葉樹林文化から夏緑広葉樹林文化へと[b]移った[c]ヨーロッパにくらべて、アジアでは現在なお文明の中心地は照葉樹林域に限られている。[2d]このことは、放牧と火入れによってすべての森林を破壊しつくしたヨーロッパ民族にくらべて、農耕民族であった日本や中国では、比較的最近まで、農耕地以外の地域には、かなり多くの[e]残存自然林が残されていた。[3]とくに宗教的なタブー意識に支えられて、わが国では[f]村落の中やまわりにつくられた神社や寺院のまわりの森——社寺林——がじゅうぶん[g]復元保護されてきたことが、重要なふるさとの森の存続に役立っている。

（宮脇昭『植物と人間』）

読者の理解を助けるために、若干の補足をする。この文の前に書かれていた内容の要約でもある。①世界の文明は常緑広葉樹林地域に起こった。②そのひとつは、地中海地方からメソポタミヤ盆地にかけての硬葉樹林帯（ゲッケイジュ・オリーブなどの地域）。③いまひとつは、アジア東南部の照葉樹林帯（クス・カシなどの地域）。④ヨーロッパでは、文明の中心が、硬葉樹林民族（「ラテン系民族」）から夏緑広葉樹林民族（「ゲルマン・スラブ系民族」）に移っていった。④夏緑広葉樹とは、冬季落葉する広葉樹のことである。

さて、この例文で一番ひっかかるのは、第2文の冒頭「[d]このことは」という主語（兼題目語）に対応する述語が見当たらないことである。「このこと」という代名詞句は、第1

文の内容を示している。第1文の内容を受けて、たとえば「このことは……を意味する」「このことは……による」などというように結ばれるであろう。そう思う読者の期待を裏切って、「このことは」を受ける叙述の言葉が一向にあらわれてこない。

この場合、どのような述語で結べばよいか。考えていて、わたくしは途方にくれてしまった。なぜか。その理由は、第1文・第2文それぞれの内容と、これら相互の関係とにある。各文の内容をみよう。

第1文。①ヨーロッパでは文化圏が移行したということ。②その理由～民族の主導権の交代。③アジアでは文化圏が移行していないということ（理由は述べていない）。

第2文。①ヨーロッパで文化圏が移行した理由～森林の破壊。②中国・日本で森林が残った理由～農耕民族であったこと。

第3文。とくに日本では社寺のまわりに森が残されたこと。

このように整理してみると、第1文と第2文との間に重複があることが分かる。すなわち、ヨーロッパで文化圏が移行した理由が、第1文と第2文と、双方に書かれている。それならば一本にまとめてもよいではないか。すくなくとも、第2文の冒頭に「このことは」という語を入れて、第1文の内容を改めて第2文で叙述する必要はない。これがこの文の難点の第一。

難点の第二は、修飾語が長いこと。たとえば、第1文、「[a]民族の」から「[b]移った」までが[c]「ヨーロッパ」を修飾する、ということに気づくには、若干の時間を要する。

第三は、言葉使いが不適当であること。たとえば、[a]「民族の主導権の交代」とはなにか。Aという民族がいて、そのなかで、たとえばカロリング王朝からカペー王朝に政権がかわり、そのために硬葉樹林文化から夏緑広葉樹林文化へ移行する、ということがあったのか。そうではないだろう。「主導権を握る民族の交代」――ラテン系民族の後退とゲルマン・スラブ系民族の進出――ということを作者は言いたかったのであろう。

第四は、表現のくどさ。たとえば、①[e]「残存自然林が残されていた。」②[f]「村落の中やまわりにつくられた神社や寺院のまわりの森」。言わんとすることは分かるが、もう少しすっきりと表現できないものか。③[g]「復元保護」も分かりにくい。「復元」とは元に戻すこと。一度破壊されたものを元へ戻す、という意味であろう。それなら社寺林は、かならず一度破壊されたのち復元され、保護されたのか。

[1]『ヨーロッパでは、硬葉樹林文化から夏緑広葉樹林文化へと移行した。[2]これに反し、アジアでは、現在なお文明の中心地は、照葉樹林域に限られている。[3]これらの理由は、①ヨーロッパでは、主導権を握る民族が交代し、放牧のための火入れによって照葉樹林が破壊しつくされたこと、反対に、②アジアでは、日本や中国のように農耕民族が大部分であるため、農耕地以外の地域にかなり多くの自然林が残されたこと――である。[4]とくにわが国では、宗教的タブーから、寺や神社のまわりの森――社寺林――がじゅうぶん保護されたこ

とが、〝ふるさとの森〟の存続に役立った。』
ためしに右のように変えてみた。

述語はしめくくり

すでにいくつか、しり切れトンボの例をあげた。一つは、主語（兼題目語）を書いて、それに対応する述語を忘れたもの、一つは、本来不要な主語（兼題目語）を書いたため、述語が書けなかったもの、であった。

例*20*　ところが[1]、その兀庵普寧《ごったんふねい》に、じつは「彼の僧は元国から派遣された間諜《かんちょう》であった」という、もっぱらの説がでて、それが鎌倉内外にひろがり、幕府を狼狽《ろうばい》させている。それは[2a]普寧が帰国した直後、つまり文永五年（一二六八）に、蒙古の使者が国書を携《たずさ》えて来日し、日本の臣服方を強要した。ついで[3]……〔略〕……「文永の役」になる。さら[4]に……〔略〕……元使杜世忠《とせいちゅう》ら五名がくる。幕府[5]はこれを竜の口に斬る。……[6]〔略〕……「弘安の役」となる。

（御所見直好『鎌倉史話散歩』）

第2文冒頭の「それは[a]」に対応する述語がない。第2文でなくて、もっとあとの文に出てくるかと思った。たとえば、次のような文。

「彼は、今日は天気が悪い。だから、行くのは明日にしよう、と言った。」「彼は」に対応する述語は、次の文——第2文——の最後に出てくる。こういう書き方に私は賛成しないが、それでも述語はある。

「例20」の場合、「それは」に対応する述語が、きっと次の文に、でなければさらに次の文に出てくる、と期待して読み進んだが、ついに発見することができなかった。「それ」という代名詞は、①幕府を狼狽させたことだろうか。あるいは、②普寧がスパイであると噂されたことであろうか。もしかしたら、③まったく無意味な「それは」であるのかもしれない。

もし、②であるならば、次のように書かねばならない。

『……（略）……。その説は、普寧が帰国した直後、つまり文永五（一二六八）年に、蒙古の使者が国書を携えて来日し、日本の臣服方を強要したことなどから言われだした。……（略）……。』

あるいは、いっそのこと、「それは」を除いてしまえばいい。

『……（略）……幕府を狼狽させている。普寧が元国に帰って間もなく、文永五（一二六八）年に、蒙古の使者が国書を携えて来日し、日本が臣服することを強要した。……（略）……。』

主語には、これに対応する述語がなければならない。述語を忘れないためには、二つの方法があった。第一は、なるべく早くしめくくること（短文化）。第二は、箇条書き。第三の方法がある。主語を書かないことである。冗談を言っているのではない。「例19」や「例20」で見たような、不必要な主語ないし題目語のある文は、けっこう多い。不必要なものは、躊躇することなく切り捨てるがよい。

次の例文では、主・述の関係がきわめて明らかである。

例21　[1]私は[a]、このエッセイで再三主張した[b]。[2]寺院は神社と深く関係をもっていて、寺院の秘密をとくには神社の研究が必要である[c]ことを。[3]このような観点で、私は新薬師寺の本質を明らかにした。[4]今、その方法で広隆寺を考えたらどうか。　（梅原猛『塔』）

「私は[a]→主張した[b]」。第1文の主・述の間は、きわめて短い。「主張した[b]」に係る対象格語は、独立させて、第2文としている。

私は[a]　　　→主張した[b]
必要である[c]ことを→（主張した[b]）

もし第2文が第1文のなかに組みこまれていたら、複雑で読みにくい文となったであろう。そのために述語を書き忘れるような作者ではない。にもかかわらず、第1文を短文としたのは、さすがである。第3文・第4文も、むだな表現がなく、理路整然としている。

7、なにを修飾するか

曖昧な修飾

修飾語はなにかを修飾する。連体修飾語は体言を、連用修飾語は用言を。修飾語がなにを修飾するのか分からないのでは、読者が困惑する。

まず、連体修飾語から。

例22　社会主義をめざす中国でさえ、[a]毛沢東の後継者と思われながら[b]失脚した[c]林彪《りんぴょう》夫人の[d]葉群も、[e]毛沢東夫人の[f]江青も、共に夫がえらくなると、政治局委員の地位を得たのである。

（曾野綾子「逆説『ためになる週刊誌』」〃サンケイ新聞〃所載）

「[a]毛沢東の後継者と思われながら[b]失脚した」という連体修飾語によって修飾されるのは、①「[d]葉群」であるようにみえる。さらに、この修飾語は、②「[f]江青」にも係るのでないか、という疑いがある。

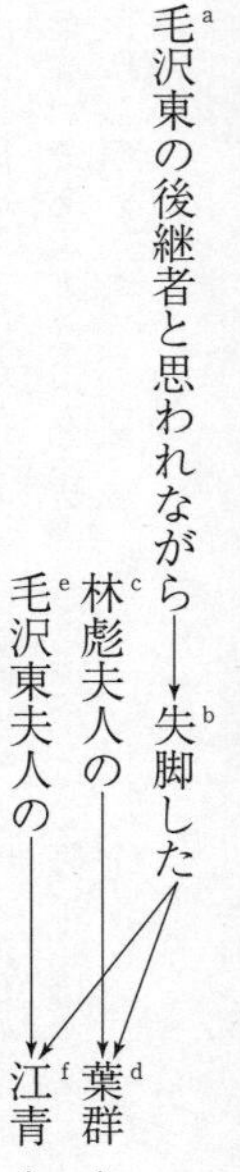

わたくしたちは、新聞その他で、「林彪」が失脚したことを知っている。だが、「林彪夫人の葉群」が失脚したかどうかは知らない。また、「林彪」がかつて毛沢東の後継者と目されていたことも、知っている。だが、「葉群」が毛沢東の後継者だと言われたことは、聞いたことがない。

そんなことから、「[a]毛沢東の後継者と思われながら[b]失脚した」のは、「[c]林彪夫人の[d]葉群」でなく「林彪」自身である、と推理するのが順当なのだろう。この推理が正しいのであるならば、「林彪」のあとに格助詞「の」を付けるべきであった。「……失脚した林彪の、夫人の葉群」と。もっとも、あとの「の」はわずらわしい。だからこれを除いて「……失脚した林彪の夫人・葉群」とすればよい。これらの関係を「入子型」を使って示すと、次のとおりである。

「林彪夫人」というような複合名詞の前半（「林彪」）だけに修飾語を係らせることはでき

ない。「野球監督の長嶋夫人」「おいしい料理教室」という表現がナンセンスであるがごとく。これでは、長嶋夫人が監督であり、教室がおいしいことになる。同様に、次のような言葉も奇妙だ。

(A)「個性ある町づくり」（新聞記事）

(B)「美しい国づくり」（雑誌記事）

(A)は、たんに町のつくり方に個性がある、ということか。(B)は、国のつくり方が美しいのであって、国そのものの美しさは問わない、ということか。

例文にかえる。「失脚した[b]」のは「葉群[d]」でなく、「林彪[c]」であった。では、同じ「失脚した[b]」は、「毛沢東[e]」にまで係るのか、係らないのか。

失脚した[b]→林彪[c] の→夫人→葉群[d]

失脚した[b]→毛沢東[e] の→夫人→江青[f]？

ところが毛沢東はもちろん、江青も失脚していない（江青は、その後失脚したが、この例文の書かれたときは、まだ失脚していない）。ゆえに「……失脚した」という連体修飾語は、「林彪」だけを修飾し、「毛沢東」をも「江青」をも修飾しない。これが作者の意図らしい。

このような推理を強いる文章にしないためには、第一に「林彪の夫人」と、たった一字「の」という格助詞を入れる、という配慮をすればよい。「辞」がいかに大切であるかは、「2、日本語文の構造」で述べた。

第二に、「林彪夫人」[c]と「毛沢東夫人」[e]という、並立する二つの語のうち、前者には修飾語があるのに後者にはない、という不均衡を避けねばならない。

　毛沢東[a]の後継者と思われながら→失脚した[b]→林彪[c]　夫人の葉群[d]　も

　　　　　　　　　　　　　　　　　　毛沢東[e]　夫人の江青[f]　も

たとえば、「美しい山と川（ト）」と言えば、「美しい」は「山」と「川」との双方に係る、と考えるのがふつうである。

　美しい→山〈と〉

　美しい→川〈ト〉

そうでなく、「美しい」を「山」だけに係らせることにはむりがある。バランスが崩れるからである。

　美しい──→山〈と〉

　　　　　　川〈ト〉

かくてこの例文（「例22」）は、連体修飾語の係り方がバランスを欠いているために、読者にむだな思考をさせた。このようなむだな思考をさせないためには、「a・b・c・d」のグループと、「e・f」のグループと、順序を逆にすればよい。

『社会主義をめざす中国においてさえ、毛沢東夫人・江青も、毛沢東の後継者と言われながら失脚した林彪の夫人・葉群も、共に夫がえらくなると、政治局委員の地位を得たのである。』

バラの花はバラの木に

連用修飾語について考えよう。簡単な例を挙げる。

例*23* 地下鉄入口[a]及びこの付近[b]にて[c]立売り[d]を厳禁[e]します。 駅長

（東京・営団地下鉄・公示）

「……にて[c]」は、連用修飾語。用言を修飾する。用言としては「厳禁[e]します」がある。だが、まさか地下鉄の入口に駅長かだれかが立っていて、「厳禁するゾ」とわめいているわけでもないだろう。

地下鉄入口[a]
〈及び〉
この付近[b]
にて[c]
立売り[d]を
厳禁[e]します

本来は、次のようでなければならない（傍点部分追加）。

……にて→立売りする→こと を→厳禁します

つまり、「……[c]にて」が修飾するのは、「立売りする」というような動詞でなければならない。

『地下鉄の入口およびこの付近で立売りすることを禁止します。』

または連体修飾語を使って、次のようにしてもよい。

『地下鉄の入口およびこの付近での立売りを禁止します。』

なお、「[e]厳禁」というようなコケおどしの言葉を使うことにわたくしは賛成しない。「厳禁」に対し「いい加減な禁止」というものがあるみたいだし、とにかく言葉で相手を驚かしてやろう、という魂胆がみえるようでもある。読者は読者で、「厳禁」という言葉に馴れて、格別の厳しさを感じることもなくなるのでないだろうか。

例*24* 〔1〕[a]東北軍兵士の間に[b]共産党員増加が[c]ささやかれだし、〔2〕[c]ハルビン駐屯の（同軍）第三八団第一、第二営の下級将校、兵士約六十人の赤化が伝えられた。

（児島襄『満洲帝国』）

〔1〕の部分は、次のように読める。

[a]東北軍兵士の間に
[b]共産党員増加が
→ [c]ささやかれだし

ささやいているのは「東北軍兵士」であり、ささやかれている内容は「共産党員増加」である。どこに「増加」したのかは分からない。作者は、ここで次のことを言いたかったのでないのか（傍点部分追加）。

東北軍兵士の間に↓（共産党員の）増加している↓こと　が↓ささやかれだし

もしそうであるならば、原文はまちがっている。

「[a]東北軍兵士の間に」は、連用修飾語であるから、体言「増加」を修飾しない。バラの花はバラの木を飾る。ほかの木に咲かせようとしてはいけない。

もちろん「東北軍兵士の間に増加。」と、いわゆる体言どめにすることはある。この場合、「東北軍兵士の間に」という連用修飾語によって修飾される「増加」は、体言ではなく、「増加した」、「増加している」などという用言の送り仮名を省略したものとみるべきである。

ところが、「……の間に↓増加が」と、格助詞が付いてしまうと、これはもう「増加した」の省略とは言えない。

「……の間に↓増加（した）が↓ささやかれ」

このカッコ内の「した」は、本来存在しえない。本来存在しえないものは、省略しようがないのである。

『〔1〕東北軍兵士の間に共産党員の増加していることがささやかれだし、……〔2〕（略）……。』

これでもいいが、次のように改めてもよい。

『〔1〕東北軍内での共産党員増加がささやかれだし、……〔2〕（略）……。』

あとの方は、「連体修飾語→体言」という形である。

相手が分からない

例*25*　[1]これらの島々（古代難波の八十島）のうち姫路（姫島の誤植か）や江ノ子島・中島等の名称は、さきにあげた難波の古図にも見える。[2]また[a]現一万分ノ一の地形図をみても、[b]堂島・土佐堀両川間の[c]中之島をはじめ、[d]両川が[e]合流して安治川となり、一方[f]木津川を[g]分岐する[h]川口町対岸の[i]西区に[j]今もなお[k]江ノ子島が、[l]中州を[m]形成している。

（藤岡謙二郎『大和川』）

問題は第2文である。その構造は次のとおりであろうか。分からないところに疑問符を付けた。

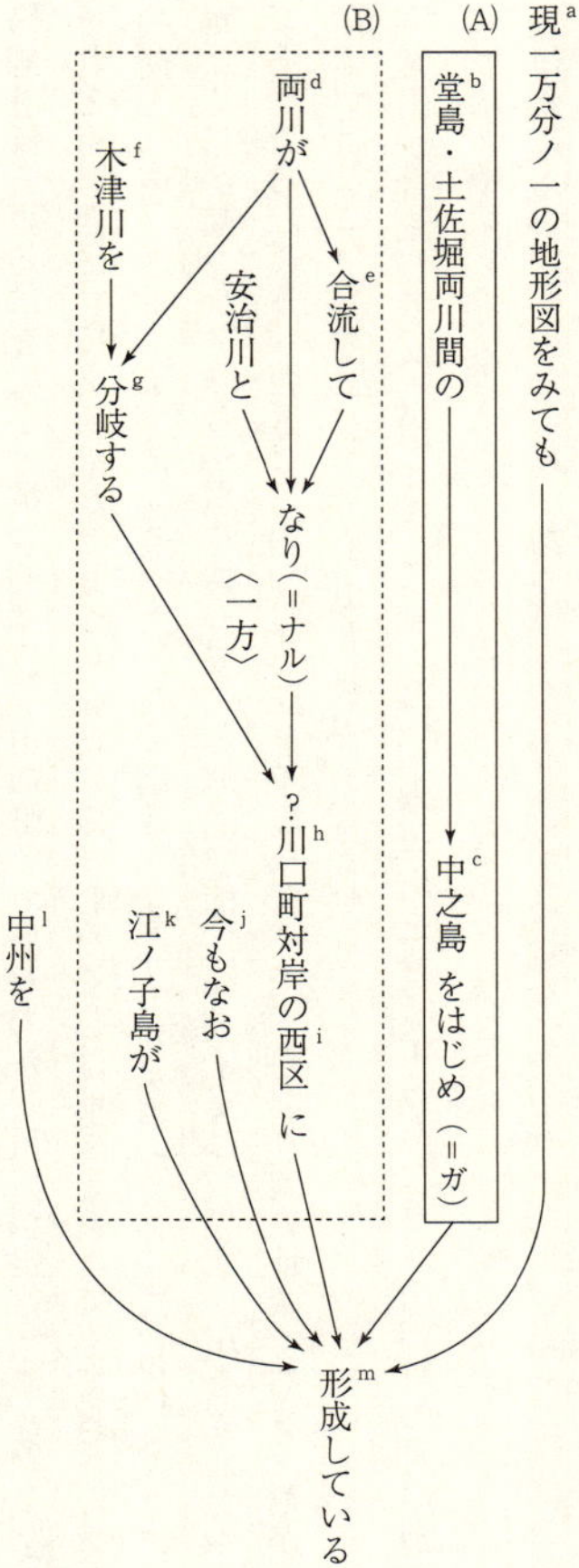

主・述は、「中之島[c]をはじめ……江ノ子島[k]が↓形成[m]している」であろうか。「Aをはじめ」という場合、Aを中心とした集団が登場するはずである。そう考えるのがふつうだろう。たとえば、「中之島をはじめ……江ノ子島などの島々が」とでもいうのならよい。原文の場合、むしろ、「中之島や江ノ子島が↓形成している」とした方がすっきりする。これが問題点の第一。

第二。「[b]堂島・土佐堀両川間の」は、連体修飾語として「[c]中之島」を修飾する。一方、「[d]両川が[e]合流して……[i]西区に」は、連用修飾語として「[m]形成している」を修飾する。同じく島の位置を示す語句でありながら、一つは連体修飾語であり、一つは連用修飾語である。おまけに、前者に比べ後者はひどく長い。このように、質的にも量的にも両者不均衡であることが、読者を迷わさないはずがない。

第三。「[d]両川が[e]合流して安治川となり、一方[f]木津川を[g]分岐する」という修飾語によって修飾される語句はなにか。被修飾語は「[h]川口町」であるのか、「[h]川口町対岸」であるのか、それとも「[i]西区」であるのか。分からないので、わたくしは地図を買ってきて調べた。左の略図（次ページ）のようになっている。点線は、多分川であったろうと思われるところ。わたくしが補った。作者が当時持っていた地図では、江ノ子島は、東西に川を控えた中州であったのだろう。西区は、川口町・江ノ子島を含めた、かなり広い地域である。だから「[h]川口町対岸の→[i]西区」という表現もおかしい。

「両川が合流して安治川となるとともに、木津川を分離するあたり、川口町の対岸地区に」とでも書いた方がよい。

ほかにもおかしいところがある。

第四。「[a]……地形図をみても→[m]形成している」という対応はない。「地形図をみても→……していることがわかる」、または、「地形図によれば→……形成している」というべきであろう。

第五。「今もなお」[j]という連用修飾語の位置もおかしい。この位置では、(B)の「江ノ子島」[k]に対応する述語だけを修飾するように思われる。では、(A)の「中之島をはじめ（＝ガ）」[c]に対応する述語には係らなくてもよいのか。中之島の方は「今もなお中州を形成する」と言えないのか。連用修飾語の位置を変えれば、それに対応する述語——共通の——に係らせることができる。

『[1]……（略）……。[2]また、現一万分ノ一の地形図をみても、堂島・土佐堀両川の間に中之島が、また、両川が合流して安治川となり木津川を分岐するあたりに江ノ子島が、今もなお、それぞれ中州を形成していることが分かる。』

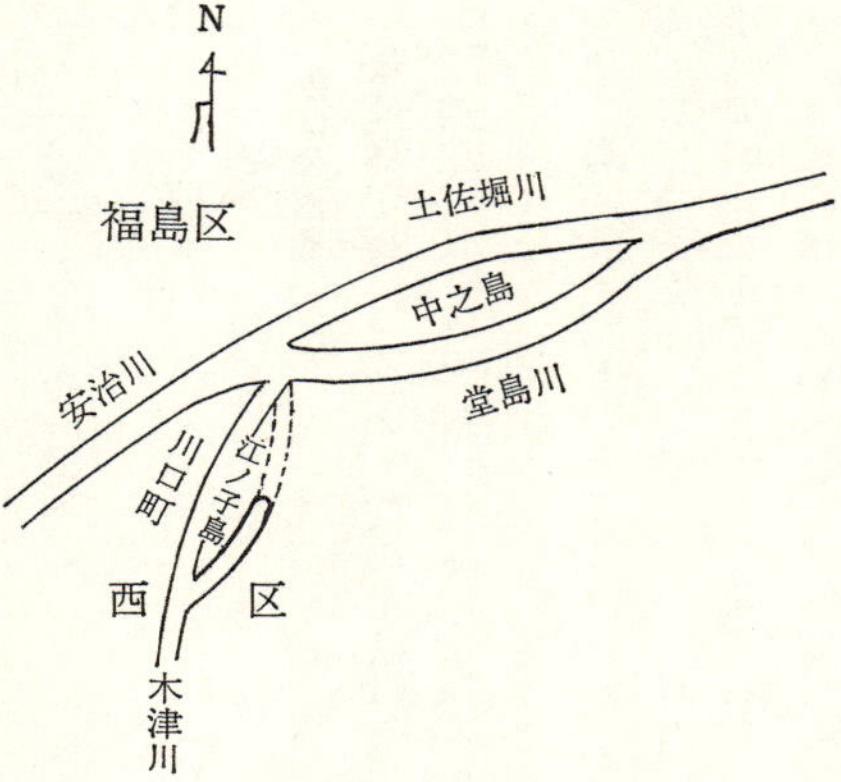

右のように改めてみた。どうであろうか。

8、「は」のイキは長い

“象は鼻が長い”

「象は鼻が長い」という文の主語はなにか。「象は」が主語であるのか。そんなはずはない。述語「長い」と対応しないからである。主語は「鼻が」である。では「象は」はなにか。

「象は鼻が長い」ということは、「象の鼻が長いコト」を意味している。「象の」はもちろん所有格語である。しかし、この場合「象の」と言わないで「象は」と言うのは、「象についていうならば」という意味があるからである。「ほかのなにものでもない、象についていうならば」ということである。つまり、「象は」と言って題目を提示している。このように「象は」という語は、①所有格語と同様の働きを持つ、とともに、②題目を提示する働きを持つ。助詞「は」のこのような二面性を指摘し分析したのは、三上章の功績である（『象は鼻が長い』『続・現代語法序説』）。以下、三上章の理論を基本にし、これに若干のわたくしの意見を加えて説明する。

「は」の二面性には、いくつかの種類がある。

(A)象は鼻が長い〜①題目の提示+《プラス》②所有格助詞としての働き（象ノ鼻が長いコト）。

(B)この象はインドからやってきた。〜①題目の提示+②主格助詞としての働き（この象ガインドからやってきたコト）

(C)この象はインド人がつれてきた。〜①題目の提示+②対象格助詞としての働き（この象ヲインド人がつれてきたコト）。

(D)この象は去年子供が生まれた。〜①題目の提示+位置格助詞としての働き（この象ニ去年子供が生まれたコト）。

(E)今日は象がやってきた。〜①題目の提示+②零記号としての働き（「今日象がやってきたコト」）。この場合、「今日は」は、連用修飾語を兼務する。

なお、「鼻は象が長い」は、(D)と同じ型（「鼻デ（=ニオイテ）象が長いコト」）である。かくて「は」は、題目を提出するとともに、ガ・ノ・ニ・ヲなどの意味を持つ、ともいえる。「象は」のように、題目を提示する語を、「題目語」と呼ぶこととする。(注)

(注) 大野晋は、『日本語の文法を考える』において、「は」を伴う語は既知の事柄について使われる、ということを指摘している。傾聴に価する意見である。既知の事柄であるからこそ題目語になるのである。

題目語とその兼務との関係を、次のように表わすことにしよう。

(A)　象は（＝象ノ）鼻　が→長い

(B)　この象は（＝象ガ）→やってきた

　　インドから↗

(C)　この象は（＝象ヲ）→つれてきた

　　インド人が↗

（(D)以下、略）

右の(A)〜(E)のほかにも、「は」が他の助詞といっしょになって題目語を作ることがある。

(F)この象には去年子供が生まれた。〜①題目の提示＋②位置格助詞としての働き。

この場合、当然のことながら、「は」に兼務の役目はない。

また、助詞「も」も、「は」と同様、題目語を作ることがある。たとえば——

(G)この象もインドからやってきた。〜①題目の提示＋②主格助詞としての働き。

(H)この象もインド人がつれてきた。〜①題目の提示＋②対象格助詞としての働き。

このような題目語は、原則として文全体にかかってくる。したがって、一個の文の中に二つ以上の題目語があることは、ふつうはない。ない方がよい。たとえば、「今日は、わたしは、学校へ行く。」というような言い方は、できるだけ避けた方がよい。

ただし、例外がある。

(A)月は〔1〕東に、日は〔2〕西に。

(B)〔1〕、梅は咲いたが、〔2〕、桜はまだか。
(C)〔1〕、「海は青い」と〔2〕、太郎は言った。

(A)と(B)とは、〔1〕の部分から〔2〕の部分へと、主題が移り変わる。(C)の場合、〔1〕は、文中の文として独立している。

また、限定の助詞「は」は例外である。前ページにわたくしが書いた「……二つ以上の題目語があることは[a]、ふつうは[b]ない」という文の、aは題目語（兼主格語）を作る働きを持つが、bは限定の助詞（対照の助詞ともいう）である。

もっとも、題目語を作る助詞であるとともに、限定の助詞である場合がある。「Aは背が高い」の「Aは」は題目語である。同時に、この文が「Bは背が高くない」「Cは背が高くない」「しかし、Aは背が高い」という意味を潜在的に持つとすれば、この場合の「Aは」の「は」は、限定の助詞でもある。

ここでは、主として題目語をつくる「は」について述べよう。

例26　敏夫は[a]母を探しに[b]行ったことを誰にも[c]言わなかった。（新田次郎『岩壁の掟』）

「敏夫は[a]」は、題目語であるとともに、主語（主格語）の働きを兼ねる。主語「敏夫ガ」は、次のように二つの述語に係る。

敏夫[a]は（＝敏夫ガ）→探し[b]に行った

敏夫[a]は（＝敏夫ガ）→言[c]わなかった

この文の構造を分析すると次のようになる。

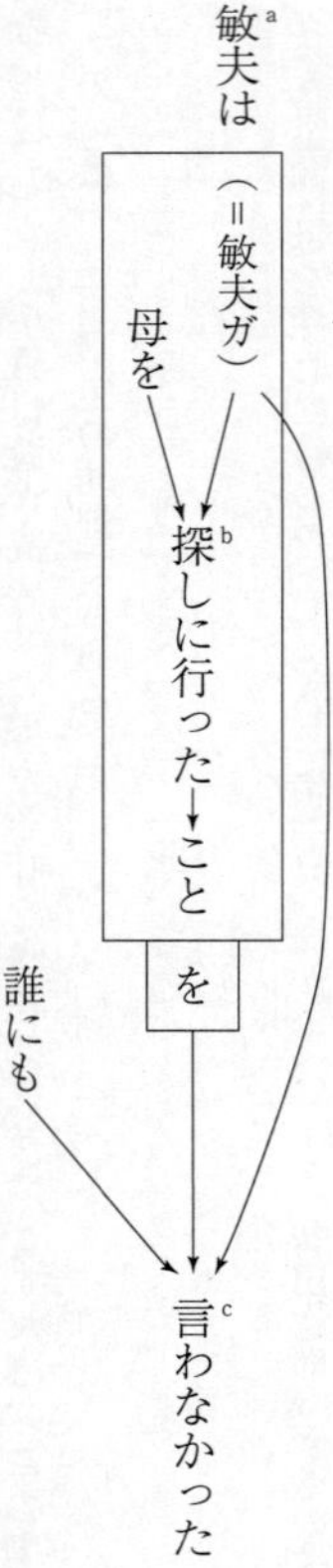

英語なら「敏夫は誰にも言わなかった、かれがかれの母を探しに行ったことを。」と言うであろう。だが、日本語では、「敏夫は」ひとつですむ。なんと便利な語ではないか。

「は」の効用

このように便利な「は」であるから、できるだけ、有効に使った方がよい。そうすることによって、文をすっきりさせることができる。

例*27*　〔1〕こうした辺境の兵士[a]には、死刑囚[e]なども死罪を免じて[b]守備兵[c]にあてられた[d]ので、〔2〕必ずしも一年交替の人ばかりではなかった。

（長沢和俊『敦煌』）

〔1〕の部分は、従属句。〔2〕の部分が主句である。ところが、題目語「……兵士には」の効果は、〔1〕までであって、肝心の主句〔2〕にまで及ばない。ゆえに〔2〕の述語が浮きあがっている。

「こうした辺境の兵士には」から「に」をとって、「こうした辺境の兵士は」とすればどうだろう。そうすれば、この題目語は、もっと幅広く、〔1〕にも〔2〕にも有効となる。

兵士は（＝兵士ニ）→あてられた

兵士は（＝兵士ガ）→なかった

このように「……兵士は」とすれば、これが題目語になる。もっとも「兵士（に）は……守備兵にあてられた」という表現自体、過剰である。

この文は、次のように改めてみよう。なお、「（死罪を）免じて」は、受身の形に変える。

『こうした辺境の守備兵は、死刑囚なども死罪を免ぜられてあてられたので、必ずしも一年交替の人ばかりではなかった。』

例*28*　もちろん、兜太《とうた》はこうした流行とは無関係に、「銀行員」という日本語が職業名として具象性をもたないと考え、そのために「銀行員等」として、具体性を志したとするならば、その思いすごしは却って、この句の効果を殺している。

（鷹羽狩行「理論俳句の未来」〝俳句〟所載）

金子兜太の俳句「銀行員等朝より螢光す烏賊のごとく」について、この文は論評している。「[c]こうした流行」とは、本来日本語に複数形がなかったのに「明治維新後の近代化に伴う西洋崇拝に、敗戦による国民意識の喪失が加わり、〝花花〟とか〝母ら〟〝妻ら〟のようにハラハラとつまらないコトバが使われ出し」たことをいうらしい(注)。

さて、この例文には、「[b]兜太は」と「[e]その思いすごしは」と、題目語らしいものが二つある。題目語らしいものが二つある、ということがこの文を混乱させている。

ほかにも問題がある。①「[a]もちろん」という連用修飾語の係り方。「もちろん」は、「いうまでもなく」の意。それなのに、「[a]もちろん」のあとに仮定の助動詞「[d]なら」と仮定の助詞「ば」とがなぜつくのか。「[a]もちろん……する[d]ならば」ということは、論理矛盾である。しかも、②これを受けて「[e]その思いすごしは」と「思いすごし」が既知のことであるかのように扱っているのは、論理の手順を跳びこえている。

『[1]もちろん兜太は、こうした流行とは無関係に、「銀行員」という日本語が職業名として具象性をもたないと考え、そのために「銀行員等」として、具体性を与えようと志したのであろう。[2]しかし、それは思いすごしであって、そのため却ってこの句の効果を殺している。』

このように文を二つに分けることにより、①題目語を一文一個として、各文のテーマを明瞭にし、②「もちろん」の係り方を明確にした。また、③「それは思いすごしであって」と、作者の判断にもとづく叙述を加えた。

（注）なお、本来日本語に複数がなかった、というのは、鷹羽狩行の誤認である。たとえば、「祝詞《のりと》」には、「皇神等《すめがみたち》の前に白《まを》さく」という句がいくつも出てくる（「延喜式」巻八「祈年《としごひ》の祭」など）。

「は」と「が」と

格助詞「は」と「が」との使い分けはむつかしい。そういうことをよく外国人が言う。ところが日本生まれの日本人だって、ちゃんと使い分けしてないことが多い。

例29　戦局[a]はわれに不利[b]一方であることは、もはやおおうべくもなかった。

（佐藤鉄章『召集兵』）

「戦局は」[a]という題目語が有効なのは、「不利一方である」[b]までである。「戦局は、不利一方であること」ということはない。題目語を含んだ句を修飾語にすることはできない。「戦局が不利一方であること」とするべきである。「戦局が不利であること」を題目語にするには、これに「は」をつければよい。

戦局が↓不利一方である↓こと　は↓おおうべくもなかった

つまり、次のような文にしなければならない。

『戦局がわれに不利一方であることは、もはやおおうべくもなかった。』

例30　赤嶺は査察係長の指揮に従って南部デパート社長の自宅をガサ（強制調査）にかけたのはつい先月のことであった。

（太田俊夫『国税査察官』）

次のような二つの文があった。

(A)赤嶺は……ガサにかけた。

(B)それは……先月のことであった。

この二つの文をむりやりくっつけた、というのがこの例文である。「例29」と同じパターンである。

『赤嶺が査察係長の指揮に従って南部デパート社長の自宅をガサ（強制調査）にかけたのは、つい先月のことであった。』

このように、題目語をつくる「は」は、大きなひきだしの引き手として、そのひきだしを引き出す役目をもつ。その大きなひきだしのなかにもう一つ「は」があることは――限定の助詞は別として——ふつうは許されない。

［……が→……する→こと は］→（叙述）
［……は→……する→こと は］→（叙述）×

「は」のイキは長い

題目語のイキは長い。特別の指示のない限り、その文の最後まで有効である。のみならず、文を越えてまで有効であることさえある。

例31　その時、[a]彼は決して[b]あせっては[c]ならず、また、簡単にかまをかけるというふうに[d]出て[e]はならず、最初はもっぱら、ただ匂わせるということだけで[f]すすみ、時を待つほかないと[g]心得なければ[h]ならないのだ。
（野間宏『青年の環』）

野間宏の文は、長く、粘着性がある。だが、さすがに構文はしっかりしている。右の例文の「[a]彼は」は、①題目語であるとともに、②主語としての働きを持つ。題目語は、あらたな題目語が登場しない限り、原則として文末まで有効である。この文の主・述には、次の四つがある。

(A)[a]彼は（=彼ガ）→[b]あせっては[c]ならず（=ナラナイノダ）
(B)[a]彼は（=彼ガ）→[d]出ては[e]ならず（=ナラナイノダ）
(C)[a]彼は（=彼ガ）→[f]すすみ（=ススマナケレバナラナイノダ）
(D)[a]彼は（=彼ガ）→[g]心得ければ[h]ならないのだ

この四つの文を一つにまとめるに際し、助詞「は」は、きわめて有効であった。

例*32*　[1]須川刑事は、同僚の高坂刑事と相談して、港湾労働者に姿を変えた。[2]髭《ひげ》の濃い[a]須川刑事は、ここ二、三日の[b]捜査活動にまぎれて、うまい具合に不精髭になっていた。[3]薄汚れたシャツに、円型の素通し眼鏡で、[c]人相はすっかり変ってしまった。

[4][d]高坂刑事は、
「[e]このままの方が自然だよ」
と言うほど、陽焼けした、[f]いかつい顔の持主であった。

（斎藤栄『殺人の棋譜』）

第4文の題目語は、「[d]高坂刑事は」であるように思われる。とすれば、「[f]いかつい顔の持主」とは高坂刑事のことであるのか。それにしては、「[e]このままの方が自然だよ」と言ったのはだれか、分からない。では、「[f]いかつい顔の持主」とは、須川刑事のことであったのか。

第4文の冒頭「[d]高坂刑事は」を「高坂刑事が」に改めたらどうだろう。すると、第4文は無題文となる。ついでに第3文の「[c]人相は」を「人相が」にかえてみる。すると、第2文の題目語「[a]須川刑事は」の効果が第3文・第4文に及んでくる。「は」のイキは長いのである。

『[1]……（略）……。[2]髭の濃い須川刑事は……（略）……うまい具合に不精髭になっていた。[3]薄汚れたシャツに円型の素通しの眼鏡で、人相がすっかり変わってしまった。[4]高坂刑事が、「このままの方が自然だよ」と言うほど、陽焼けしたいかつい顔の持主であった。』

文の体裁は一応整ったが、読みかえしてみると論理がもう一つ通らない。「陽焼けした、[f]いかつい顔の持主であった」ということは、もともと――人相の変わる前から――そうであった、ということなのだろう。もともとそういう顔の持主であったから、不精髭を生やしたりして人相が変わったことが本人らしくてよい、というのだろうか。不完全な文章から作者の真意を汲みとるのは困難だが、右のように解釈しないと論理が通らない。そこでもう一度書き直してみよう。

『[1]……（略）……。[2]髭の濃い須川刑事は、捜査活動の忙しさにまぎれて、うまい具合に不精髭になっていた。[3]薄汚れたシャツに、円型の素通し眼鏡。[4]もともと陽焼けした、いかつい顔の持主であったのが、いまではすっかり人相まで変わってしまった。[5]高坂刑事が「そのままの方が自然だよ」と言ってからかったほどであった。』

もっとも、原第4文については、まったく別のことも考えられる。『一方、高坂刑事の方は、須川刑事が「この方が自然だよ」と言うほど陽焼けした、いかつい顔の持主であったので、あえて変装する必要もなかった。』と。

9、合流点はどこか——並列語の盲点（1）——

即成健忘症

例33　岩井も、毎朝、たいてい売店でピーナツクリームを塗ったパン[a]と牛乳一本[b]を飲む[c]。

（斎藤栄『危険な水系』）

この推理小説作家は、岩井なる人物に、毎朝、牛乳とともにパンを飲みこませている。

(A)ピーナツクリームを塗った→パン[a]を→飲む[c]

(B)牛乳一本[b]を→飲む[c]

もちろん、(A)という文が成立するはずはない。a・b双方を受ける共通のcがあればよい。たとえば英語なら、「have」あるいは「take」という他動詞で「パン[a]を」「牛乳一本[b]を」の双方を受けることができる。日本語でも、「喫する」という語ならa・b両者を受けることができよう。だが、この語は、現代ではあまり使われない。結局、少々面倒でも、次のように表現しなければならない。

『岩井も、毎朝、たいてい売店で、ピーナツクリームを塗ったパンを食べ、牛乳一本を飲む。』

右の例の場合、「AとBと」という並列の形をとっているかにみえたが、じつは不完全であった。Aの部分に述語を補い、その述語を中止形にしたら、うまくいった。そこで、中止形を使った並列の語句について考えてみよう。

次の二つの語句がある。

(A)本[a]を読[b]む→生[e]活。
(B)ノ[c]ートをと[d]る→生[e]活。

両者の共通部分は「生[e]活」である。この共通部分でまとめ、二文を一文にする。その場合、(A)の部分の動詞「読む」は「読み」と中止形（＝連用形）に変える。

(A)本[a]を読[b]み（＝読ム）
(B)ノ[c]ートをと[d]る
→生[e]活

すなわち、次のように表現する。

「本[a]を読[b]みノ[c]ートをと[d]る生[e]活」

もちろん、はじめに(A)(B)二文が作者のなかに発生し、次にこれが統合される、とは限らない。たとえば「本を読む」ことと「ノートをとる」こととは、不即不離のものとして、当初から、統合されたかたちで作者のなかに発生したかもしれない。その場合でも、二文に分解できることにかわりはない。なんとなれば、文は、一語ずつ順を追ってでなければ書けないからである。

この種の文の構造をごく簡単に表現すると、次の図のとおりになる。

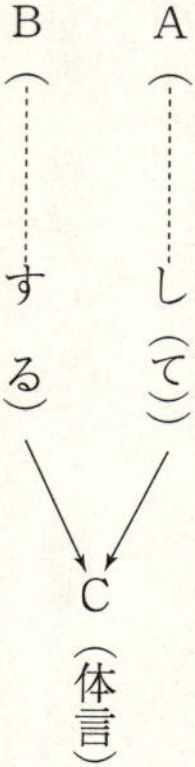

このような「並列の語句」が成立し、それが理解されやすいものであるためには、少なくとも四つの条件を必要とする。これを「並列の語句」の四原則と呼ぶこととする。

原則の第一。A・B二つの語句が共通部分Cにつながる「合流点」が明白であること。右の図でいえば、「し（て）」「する」が合流点である。

第二。合流点を媒体として、「A→C」「B→C」と、一定の法則でそれぞれ完璧につながる文（または句）に分解できること。一定の法則とは、右の例で言えば、Aの述語の連用形（「して」）を連体形（「する」）に変えること。

第三。AとBと等質であること。右の例では、少なくとも双方の末尾が用言であること。

第四。AとBと、なるべく等量であること。これは絶対的要件ではない。しかし、機能的には、片一方がひどく長く片一方が短い、ということは、好ましいことでない。

“貴様と俺とは”

「[a]貴様と[b]俺と[c]は[d]同期の桜[e]」という歌がある。これは、次の二つの句に分解することができる。双方の「と」が合流点である。

(A)[a]貴様〈と〉[c]は──→[d](同期の)[e]桜

(B)[b]俺〈と〉[c]は──→[d](同期の)[e]桜

かくて、この場合もまた、先に述べた「並列の語句」の四原則──①合流点が明白、②分解可能、③等質、④なるべく等量──は、あてはまる。

例*34* [1]長男は、〔父の遺産から〕[a]八百万円の株式と[b]貯金の[c]中から[d]八百万円をもらう。[2]三男は、[e]貯金の残り千六百万円。　（佐賀潜『民法入門』）

この文の少しまえに、貯金が二千四百万円ある、と書いてある。ということを前提に考えても、この文は、少なくとも二つの解釈が成り立つ。

(A)「[a]八百万円の株式」と「[b]貯金」との[c]中から[d]八百万円をもらう。

(B)「[a]八百万円の株式」と「[b]貯金の中から[c]八百万円」と[d]をもらう。

「貯金の[e]残り千六百万円」とあるから、さしひき計算すると、(B)が正解らしい。だが、原文をそのように読むのは容易ではない。原則が守られていないからである。

『[1]長男は、八百万円の株式全部と貯金の一部八百万円とをもらう。』

右のように改めたらどうだろう。

長男は（＝長男ガ）→もらう

八百万円の株式全部〈と〉
貯金の一部八百万円〈と〉 } を→もらう

このようにすれば、四原則は守られる。

いうまでもなく、「(M＋N)×3」と「M＋(N×3)」とでは意味するところを異にする。「と」はあたかもカッコのような役目を果たす。

(A) (M＋N)×3……MとNとの三倍

(B) M＋(N×3)……MとNの三倍と

わたくしは、できるだけ「……と……と」というように「と」を重ねるようにした方がよい、と思う。むしろ「と」を重ねる方がリズミカルである場合が多い。

もちろん、あとの方の「と」を省いてもさしつかえないことはある。だが、省略する際は、省略してもさしつかえないかどうかを反省した方がよい。その際、少しでも疑問のあるときは、あとの「と」を加えた方がよい。「と」を加えることのできない場合は、その文を組み立てなおす必要がある。

「……と……と」という使い方は、ヨーロッパ語にはない、日本語独得の便利な用法である。そのような長所は、できるだけ生かした方がよい。この書物でわたくしは、原則として「……と……と」と「と」を重ねて使っている。読者はそのことに煩わしさを感じられるだろうか。

例*35* [1]バンコックが東洋のヴェニスと呼ばれるのは、結構も規模も比較にならぬこの二つの都市の、外見上の対比に拠ったものではあるまい。[2]それは一つには無数の運河による水上交通と[a]、二つにはいずれも寺院の数が多いからである。（三島由紀夫『暁の寺』）

第2文。「と」[a]の使い方がまちがっている。ためしに「……と……と」と、あとの「と」を補ってみるがいい。どこへ入れても、おさまらないだろう。

『[1]……（略）……。[2]それは、一つには無数の運河による水上交通のゆえであり、二つには寺院の数の多さのゆえである。』

こうすれば、四つの原則は守られる（ただし、この場合共通部分はない）。原文と比べてどちらがリズミカルであるか。

例*36*　女[a]と老人[b]の一[c]人[d]旅は、直接、旅館に出向いても十中八、九は断わられる。

（斎藤栄『徒然草殺人事件』）

これは、なかなか興味深い例である。

(A)女[a]の[c]→一[d]人旅

(B)老人[b]の[c]→一[d]人旅

このように、二句に分解することは可能である。また、この二句は、たがいに等質であり、等量である。にもかかわらず、この文はおかしい。たとえば、「甲と乙との妻」という言葉が成り立たないごとく。

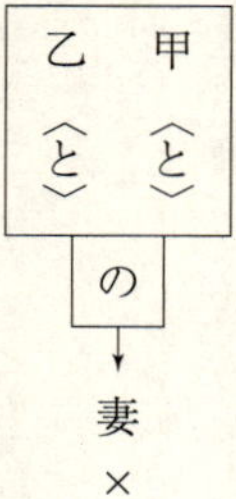

これでは、「甲と乙との共同の妻」と受けとれる。

このように、「AとB（と）」に所有格助詞「の」が付くときは、「AとBと共同の（あるいは共通の）」という意味がある。したがって、この場合に限り、「並列の語句」の四原則があてはまっても、文として成り立たないことがある。逆にいえば、次の二つの句、

甲の→妻

乙の→妻

の共通部分「の→妻」を両者で共用することは、できないのである。

例文の「女と老人（と）の一人旅」という語句は、成り立たない。「女と老人との二人旅」なら、もちろん成り立つ。

そこで、右の例文は、次のように改めればよい。

『女や老人の一人旅……（略）……』

このように「や」を使えばよい。「や」は、英語の「or」と同じ意味をも持つから。

「や」と「か」と

接続の助詞「や」について考えてみる。

「鯛やひらめの舞い踊り」という歌がある。

(A)鯛の→舞い踊り

(B)ひらめの→舞い踊り

接続の助詞「や」には、or の意味もあるし、and/or の意味もある。ゆえにここでは、「鯛やひらめなどの」といった、漠然とした拡がりを感じさせる。少なくとも「鯛とひらめと」が一組になって踊っているとは限らない、鯛も踊ればひらめも舞う、といった雰囲気がある。

なお、接続の助詞「と」の場合「……と……と」と「と」を重ねるのに対し、「や」の場合は重ねないのがふつうである。だが、「や」の場合でも、本来「鯛やひらめやの」と、重ねて使いうるものだ、ということを知っておいた方がよい。

例*37* 涙[a]や悲[b]しい表[c]情を[d]し[e]て、母の死をかぎつかれてはならない。

（芹沢光治良『われに背くとも』）

「涙[a]」を受ける言葉がない。

「涙[a]を[d]→し[e]て」か。そんなことはないだろう。つまりここのところは、二文に分解できない。この文では「や」を使うべきでなかった。

『涙を流したり悲しい表情を見せたりして、母の死をかぎつかれてはならない。』

このように改めればよいだろう。

「……たり……たり」の用法についてはあと（144ページ）で述べる。

例38　それ[a]がだんだんに社会が複雑化するにつれ、いろいろな理由から、乳幼児[b]や、胎児虐殺[c]や、幼児虐待[d]が[e]行われる[f]ようになる。

（藤田圭雄『歌の中の日本語』）

「乳幼児[b]や」がなにに係るのか、読者にはお分かりだろうか。「乳幼児[b]が[e]→行われる[f]」というのではナンセンスである。

乳幼児[b]〈や〉
胎　児[c]
} の、→虐殺〈や〉
幼児虐待[d]
} が[e]→行われる[f]

ということを言いたいのだろうか。それならば、「乳幼児や胎児の、虐殺」と言わねばならない。

「胎児虐殺[c]」は一個の合成名詞であるから、その下半分の「虐殺」だけに「乳幼児」をかからせよう、というのはむりな話である。

ところで、「胎児虐殺[c]」とは堕胎のことでないか。堕胎を「虐殺」と言いたい心情が作者にあるのなら別だが、堕胎と殺人とは、現在の刑法においてさえはっきりと区別されている（この例文は古代から中世にかけてのことを語っている）。前後の関係からみても、ここで「胎児虐殺」などというセンセイショナルな言葉を使う必要はない、と思われる。

なお、冒頭の「それが[a]」は、「ところが」に変えた方がよい。

『ところが、だんだん社会が複雑化するにつれ、いろいろの理由により、幼児虐待から、堕胎や乳幼児虐殺まで行われるようになる。』

三つの事がらを軽いものから重いものへと並べかえてみた。読者の理解を助けるためである。

次に、接続の助詞「か」について考えてみる。この場合は、「……か……か」と重ねて使う場合と、重ねて使わない場合とある。

(A)「靴[a]か下駄[b]（か）を[c]履く[d]。」〜かっこ内の「か」は、現在ではほとんど使われていない。

靴[a]〈か〉
下駄[b]〈カ〉 ｝を[c]→履く[d]

aもbも体言である。aもbも、共通部分c・dにつながる。

(B)「靴[a]を履くか下[b]駄を履くかする。」～この場合、「か」は二つとも省略することができない。

靴[a]を履く〈か〉
下[b]駄を履く〈か〉 → する

ａもｂも、「か」の前は用言である。「……するか……するかする」という型になっている。

そして、(A)の場合も(B)の場合も、並列する小川が大河に合流するという形をとっている。

例*39*　それを蒸《む》すか[a]焼くか[b]して食べる。（樋口清之『続・梅干と日本刀』）

この文における合流点は、二つの「か」（ａ・ｂ）である。この点については、疑いの余地がない。

ところが、次の例には合流点の指示がない。ゆえに読者は、どれとどれとがどの部分に合流するか、理解することができない。ということは、作者の考えていることがちゃんと読者に伝わらないことを意味する。

例40 〔おけらの〕葉は互生し、長い柄があり、[a]たいてい[b]羽状に[c]切れるか、[d]3深裂して[e]縁[f]にこわい毛が[g]生えている。（原典は横書き）（丸山尚敏『野に咲く花』）

b以下は、どう読めばよいか。

(A)

[b]羽状に → [c]切れる〈か〉 ｝
[d]3深裂して → [g]生えている〈か〉 ｝ している、
[e]縁に → [g]生えている
[f]こわい毛が → [g]生えている

(B)

[b]羽状に → [c]切れる〈か〉 ｝
[d]3深裂する、〈か〉 ｝ して → [g]生えている
[e]縁に → [g]生えている
[f]こわい毛が → [g]生えている

傍点部分を補った。(A)なら、三深裂しているときに限り毛が生えていることを意味し、

(B)なら、すべてに毛が生えていることを意味する。「……か……かする」という形を明瞭に使えば、このような戸迷いを与えなくて済んだはずである。

ほかにもはっきりしない点がある。「たいてい」[a]という連用修飾語がどの語に係るのか、明らかでない。①「切れる」[c]にか、②「切れる」[c]「3深裂して」[d]の両者にか、③「切れる」[c]「3深裂して」[d]「生えている」[g]のすべてにか。

どれが正解かは分からない。

『葉は、[1]互生し、長い柄があり、たいてい羽状に切れるか3深裂するかしている。また、[2]縁にこわい毛が生えている。』

これが事実を正しく伝えているのかどうかは知らない。しかし、疑問を起こさせるような表現でないことは、分かってもらえるだろう。

“見たり聞いたり試したり”

「見たり聞いたり試したり」というように、二種以上の動作が並行して、または相継いでなされることを、接続の助詞「たり」を用いて表現することがある。

例*41*　母は週に一度くらゐづつ来て、肉を焼いたり[a]、身のまはりの世話をしたり[b]した。

（丸谷才一『横しぐれ』）

二つの「たり」（a・b）が合流点を示す。きわめて明白である。このような合理的で便利な方法を放棄して、わざわざ合流点を曖昧にすることはない。合流点が明白でなければ、船は航行を誤る。それに、「……たり……たり」という方がずっとリズム感に富む。

次の例の場合、合流点はどこか。

例*42* 〔法律〕改正前の収用等の場合の課税の特例《a》には、個人の所有する資産を収用等により譲渡し、代替《b》資産を取得《c》したり、換地処分等に伴い資産《d》を取得《e》して課税の繰延べの特例《f》を受け《g》る場合と、収用等の場合の特別控除額（1,200万円）を控除した残りの2分の1を他の所得に合算《h》した総合課税《i》《ママ》するという特例《j》がありました。

（原典は横書き）（全国銀行協会連合会『税金基礎講座』）

①「取得《c》したり」と並列する語句はなにか。②「受け《g》る場合と」と並列する語句はなにか。

(1)まず、「取得《c》したり」について。どこかに「……たりする」が抜けている。それはどこか。二つの場合が考えられる。次ページの(A)と(B)とがそうである（傍点部分を補充）。

この例文に続く文章を読んで、いろいろ考えた末、(A)が正解だと分かった。はじめから

「たり」を入れてくれれば苦労はしなかった。

(A) ……代替資産を[b]取得したり[c]
……に伴い資産を[d]取得したり[e]、
→して→……(の特例を[f])受ける[g]→場合

(B) ……代替資産を[b]取得したり[c]
……資産を[d]取得して[e]……(特例を[f])受けたり[g]、
→する、→場合

(2)「受ける[g]場合と」についてはどうか。

(A)……繰延べの特例[f]を受ける[g]場合〈と〉、
(B)……総合課税[i]するという特例[j]〈と〉

(A)と(B)との並列なのだろう、ということを知るのにいささかの時間がかかる(傍点部分補充)。これは、①あとの方の「と」が省略されていること、②並列する語が「……受け[g]る場合」「……するという特例[j]」とたがいに異質であること――による。

ほかにも問題がある。

(3)「……場合の特例[a]には、……特例[f]を受ける[g]場合と……するという特例[j]がありました」

と、「特例」という語を無秩序に反復使用していることが、読者を混乱させる。

(4)「特例」とは税の軽減の特例である、と思っていたら、「……合算した総合課税するという特例」と、軽減のニュアンスの感じられない言葉を使っていることも、読者に戸迷いを覚えさせる。

この文には、「収用等」（土地収用法等により、強制的に不動産が買い取られたり換地処分をされたりすること）「課税の繰延べ」（不動産を売っても、代りに入手した不動産を売るまでは課税されないこと）など、一般には聞きなれない言葉がある。それだけに、せめて文の構造ぐらい読みやすいものでありたいではないか。

『改正前の〝収用等〟の場合の特例には、次の二種類がありました。

(1)〝収用等〟による代金で代りの資産を取得したり、換地処分等により資産を取得したりした場合は、課税の繰延べ。

(2)その他の場合は、総合所得税の課税価格として「他の所得額」に加える金額の軽減。

この場合、課税価格として「他の所得額」に加える金額は次のとおり。

$$課税価格として加えるべき金額＝\frac{収用等の代金－特別控除額（1{,}200万円）}{2}$$』

このような、①箇条書きの使用、②数式の利用――は、文を短くし、表現をすっきりさせるのに有効である。

10、左右均衡の論理――並列語の盲点（2）――

さまざまな並列

前章では、中止形を使った並列の語句と、接続の助詞を使った並列の語句とについて考えた。その原則は、ほかの語を使って作る並列の語句についても当てはまる。

まず、接続詞を使った場合。

例*43*　※欄のほかは、該当[a]する欄に記入[b]または[c]○[d]で囲む[e]こと[f]。

（東京都教育委員会「東京都公立学校教員採用候補者選考受験票」）

次のページの図のように読むのだろうか。だが、「記入[b]→こと[f]」という続き方はない。

また、なにを「囲む[e]」のか、分からない。次のように改めてみようか。

『※印の個所を除き、各欄に記入し、または欄内所要文字を○で囲むこと。』

該当する欄に[a] → 記[b]入〈または〉[c] → こと[f]
○で[d] → 囲[e]む → こと

あるいは、次のように書いてもよい。

『……（略）……各欄に記入するか、欄内所要文字を○で囲むかすること。』

少し長くなっても、正確に述べた方がよい。いい加減な書き方をするくせをつけていると、少し複雑な内容の文を書くとき、拾収のつかない混乱を招くことになるだろうから。

接続詞「または」や「もしくは」は、接続の助詞「や」や「か」と同様の働きをする。接続詞「および」や「ならびに」は、接続の助詞「と」と同様の働きをする。そして、これらはいずれも「並列の語句」を作る。

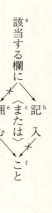

接続詞や接続の助詞のかわりに、ほかの語を使って「並列の語句」を作ることもある。その語とは、「……（の）ほか」「……に加え（て）」「……どころか」「……はもちろん」「……だけでなく」など。

例*44*　聖武天皇は、難波宮滞在中の二月二十二日安曇江《あづみえ》へ行幸、海浜の松林[a]遊覧のほか、百済王等の奏する百済楽を[b]鑑[c]賞されたと[d]い[e]う。（山本博『竜田越』）

「松[a]林遊覧」を受ける語は、どれか。

(A)松[a]林遊覧を[b]↓鑑[c]賞された

(B)松[a]林遊覧と[d]↓い[e]う

どう読んでも、うまくつながらない。

『……（略）……海浜の松林の遊覧のほか、百済王たちの奏する百済楽の鑑賞をされた、という。』

このように改めればよい。こうすれば、並列する語句が、ともに共通部分「をされた」につながるからである。

……遊覧
〈のほか〉｝をされた
……鑑賞

例*45*　食事どころか湯いっぱい飲む暇もない。（佐藤鉄章『召集兵』）

食事は、「たべる」か「とる」かするものであって、「飲む」ものではない。作者は、

「食事をする暇もない。それどころか湯いっぱい飲む暇もない。」ということを言いたかったのだろう。それならば、次のように改めたらどうだろう。

『食事をするどころか、湯いっぱい飲む暇もない。』

例*46*　食事は本坊の食堂で摂るのだが、こゝは厳重な戒律の下にあって、[a]肉類は勿論、酒も飲むわけには行かない。　（安藤更生『南都逍遙』）

「[a]肉類は」の「は」は、対象格の助詞「を」の働きを兼ねる。

『……（略）……肉類をとることはもちろん、酒を飲むこともできない。』

あるいは——

『肉類はもちろん酒も許されない。』

しり切れトンボ

例*47*　[a]二人が[b]死亡、[c]三人が[d]重軽傷を[e]負[f]いました。　（テレビ・ニュース）

まちがいではない。「死亡」はこの場合「死亡し」の省略であり、一種の中止形であるからである。しかし、「死亡を→負いました」と聞こえなくもない。

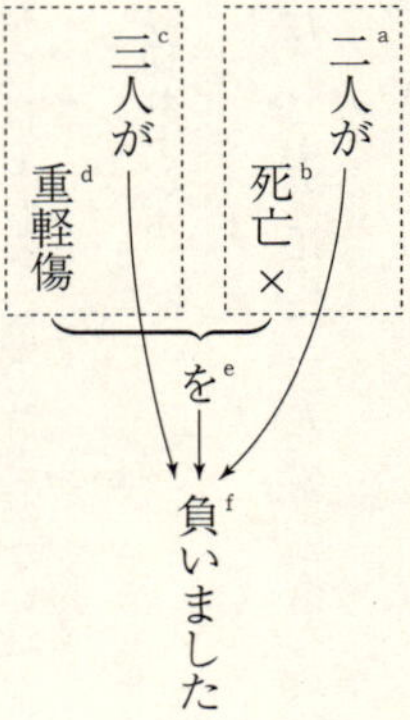

もちろん、そんなはずはない。だが――

「二人が重傷、三人が軽傷を負いました。」

これならば、「重傷を→負いました」とつながる。つながらねばならない。同じ形をとりながらつながり方がたがいに異なるのは、あまり好ましいことではない。なんとなく心にひっかかるものがある。げんに「二人が死亡し、三人が重軽傷を負いました。」と言っているアナウンサーもいる。この方がずっと安心して聞くことができる。「死亡し」なら明らかに動詞の連用形の形をとった中止形である。

例*48* 藤原教長《のりなが》の『古今和歌集注』によれば、貫之は自分で三冊の本を書写し、一本[a]は帝[b]に、一本[c]は皇后[d]に、そして[e]一本[f]を自家[g]に止めた[h]ということだ。

（藤田圭雄『歌の中の日本語』）

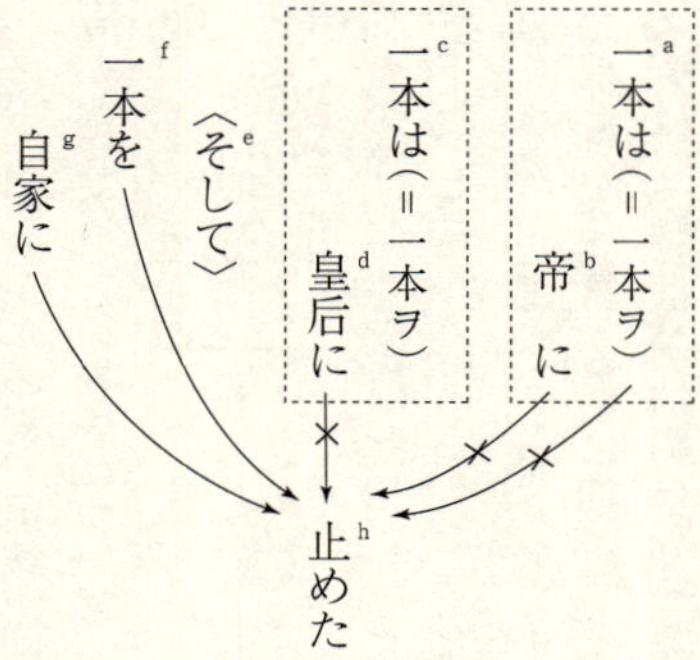

「a・b」も「c・d」も、いずれも「h」につながらない。しりきれトンボである。

次のように、「献上し」というような述語を入れればよい。

『……（略）……一本は帝に、一本は皇后に献上し、そして一本を自家に止めた、ということだ。』

例*49*　[1]運賃値上げの遅れによる収入不足に対処するため、国鉄では、[a]物件費の[b]節約に[c]加えて、東北新幹線をはじめ、電化・複線化など、輸送改善のための[d]新期工事も[e]一時中止。[2f]車両取替えの[g]延期。[3h]継続工事の[i]くりのべなどの措置で、[j]工事費を大幅に抑制しなくてはなりません。
（国鉄・広告）

これは、昭和五一年の夏、国鉄が国電に掲示した広告文の一部である。「運賃値上法案」の成立が遅れたことの影響について、国民に訴えている。

[a]物件費の→[b]節約
[c]〈に加えて〉 ｝も（＝ヲ）——→[e]一時中止
……[d]新期工事

「[a]物件費の[b]節約」をどうしたのか。これに対応する述語を探せば、「[e]一時中止」しかない。「一時中止」とは「一時中止した」の略であろう。「節約」することまで「一時中止」したのか。いくらなんでも、そんなことはしないだろう。「物件費を節約するのに加え」とすれば、「新期工事も一時中止（シタ）」と対応する。あるいは、「物件費の節約に加え新期工事の一時中止を敢行。」とでもすればよい。

その他の問題点。

(1)第2文に述語がないのはなぜか。文章全体のなかで、ここがとりわけ浮き上がっている。「車両取替えの延期」[f]の「延期」[g]は、「延期した」の意味にはならない。純然たる体言である。これを修飾する「車両取替えの」[f]が連体修飾語であるから。すると、第2文には述語がないことになる。ゆえに第2文は、完結していないし、したがって文になっていない。

(2)第3文の「工事費」[j]とは、工事費一般を指しているように思われる。ところが第1文では、「新期工事費」のことが述べられている。では、第3文の「工事費」[j]は、「新期工事費以外」の工事費とはなにか。

(3)そもそも「新期工事」[d]とはなにか。「今期の工事」のことをいうのか。国鉄の営業期間は、一年間――四月から翌年三月まで――である。すると、「今期」とは今年度（四月～翌年三月）のことをいうのか。今年度行なう工事を「新期工事」というのか。（国鉄本社の広報課に確かめたら、「新期とは今年度のことを言う」ということであった。）

(4)それならば、「継続工事」[h]とは、今年度行なわない工事なのか。そんなことはないだろう。今年度行なうべき工事だからこそ、「くりのべ」[i]もできるのだろう。

(5)では、「新期工事」[d]と「継続工事」[h]との違いはなにか。「新期工事」とは、今年度新たに契約して始める工事のことをいうらしい。それならば、むしろ、「新規工事」というべきでないか。もしくは「新期発注工事」とすればよい。

(6)「継続工事」[h]とは、前年度に契約したものをひきつづき今年度行なう仕事のことらしい。それならば、「前年度からの継続工事」とでも書けばよい。「新期工事」とか「継続工事」とかは、国鉄の用語なのだろう。だが、国民に訴えたいのなら、「国民の用語」を使わねばならない。

(7)第2文の[f]「車両取替え」は、「工事費」であるのかないのか。はじめ「物件費」でないかと思った。だが、国鉄の予算書を調べてみて、「工事費」であることが分かった。だとすると、[f]「車両取替え」の費用は、第3文の[j]「工事費」のなかに含まれることになる。

(8)それならば、第1文の「新規工事」も、第2文の[f]「車両取替え」も、第3文の[h]「継続工事」も、すべて[j]「工事費」で賄われるものでないか。つまり、第1文の後半部分も、第2文も、第3文の[j]「工事費を大幅に抑制」することの例示であった。したがって、第1文のあとの句点「。」も、第2文のあとの句点も、不当である。

　これらの点を考慮に入れて、原文をなおしてみよう。

『運賃値上げの遅れによる収入不足に対処するため、国鉄では、物件費の節約に加えて、次のような内容の、工事費の大幅削減を図らねばなりません。①車両の取替えの延期、②東北新幹線の工事、在来線の電化・複線化工事など、輸送改善のための新規工事の一時中止、③前年度からの継続工事の大幅くりのべ――など。』

　心ならずも、①②③それぞれの長さに不均衡を生じた。それをごまかすため、というわけではないが、箇条書きにした。箇条書きは、文章力の不足を補うためのずるい手段だともいえる。それでもよいではないか。作者の意思が正確・迅速に読者に伝わるのならば。

“花は紅　柳は緑”

例*50*　最終的な着陸予定時刻からなんの連絡もなく五分間経過した場合、その機は遭難[a]、あるいは[b]遭難[c]のおそれ[d]あるもの[e]として[f]捜索の対象となる。

（森村誠一『東京空港殺人事件』）

遭難[a]
〈あるいは[b]〉 ｝の→おそれ[d]→ある→もの[e]　と[f]→して
遭難[c]

すなおに読めば、並列部分はこのようになる。しかし、これでは同語反復になって、無意味である。とすれば、次のように読むべきであるのか。

遭　難[a]
〈あるいは[b]〉 ｝と[f]→して
遭難[c]の→おそれ[d]→ある→もの[e]

「a→f」は、「遭難→として」となって、舌足らずながら意味は通じる。だが、「c・

d・e→f」の部分を並べると、ひどく不均衡である。したがって不自然である。

『……(略)……その機は、すでに遭難したもの、あるいは遭難のおそれのあるものとして、捜索の対象となる。』

このようにでも改めた方がよい。

例*51* [1]昭和初期、私は内務省に幹部見習として勤務していた。[2]同じく[a]見習勤務をしておられた[b]広橋真光伯爵と[c]梨本宮第二王女との[d]ご結婚は、よい意味での省内の話題となっていた。（しげみ「お・との・さま」〃時事通信〃コラム）

(A) [a]見習勤務を↓しておられた
→ [b]広橋真光伯爵〈と〉
→ [c]梨本宮第二王女〈と〉
｝の→[d]ご結婚

と読める。だが、敗戦後ならともかく、昭和の初期に、宮家の令嬢が勤めに出るはずがない。だから、次のように読むのが正しいのだろう。

(B) [a]見習勤務を↓しておられた↓[b]広橋真光伯爵〈と〉
[c]梨本宮第二王女〈と〉
｝の→[d]ご結婚

だが、(B)の場合、並列する語句のあとの方は、修飾語もなく、したがって前の方に比べてうんと短い。だから、この両者が並列するものだということを知るのに、いささかの戸惑いを覚えるだろう。文法上はまちがいでない。だが、機能的にはけっしていい方法ではない。

機能的な文にするにはどうすればよいか。

第一は、左右均衡にすること。質的にも量的にも、である。たとえば「赤い花と柳がある」という文では、左右不均衡である。

(A) 赤い→花〈と〉

(B) 柳〈ト〉

「赤い花と青い柳とがある」とすれば、左右均衡である。ゆえに理解しやすい。「花は紅《くれない》、柳は緑」とも言うではないか。

第二は、順序を変えてみること。

「柳と赤い花とがある」というように。

第三は、箇条書きにすること。この方法は、並列部分の内容が長く複雑であるとき、とくに有効である。

第四は、並列をやめてほかの語法を使うこと。たとえば「赤い花が柳の間にみえる」とするなど。もちろん、状況にもっとも適合した表現でなければならないが。

さて、「例*51*」の場合は、第四の方法をとるのがよいだろう。

『……[1]（略）……[2]。同じく幹部見習であった広橋真光伯爵が梨本宮第二王女と結婚されたことは、よい意味での省内の話題となっていた。』

並列する語句については、質的にはもちろん、量的にもできるだけ左右均等であるように心掛けるのがよい。詩歌にはそのような対称の妙を心得たものが多い。たとえば——

白鳥《しらとり》はかなしからずや空の青海のあをにも染まずただよふ　（若山牧水）

菜の花や月は東に日は西に　（蕪村）

11、無責任な仲人——接続の論理——

接着剤の効果

例*52*　[1]当時、岩崎は剣道が強かったし、西田は柔道がうまかった。[2a]したがって西田と岩崎とは、いわば[b]スポーツの友ということになる。[3c]ところが岩崎は不思議に西田と[d]うまが合った。

（芦沢紀之『秩父宮と二・二六』）

剣道も柔道も、むかしは同じく〝武道〟であったし、その道場も学校ではたがいに接していた。だからといって、剣道の達人と柔道の名人とが、「[b]スポーツの友」でなければならない理由はない。もちろんそのことが友人であることを妨げるものではないが、「[a]したがって」という順接の接続詞を使うほど強い因果関係がそこにあるわけではないだろう。

しかも、「[b]スポーツの友」ということを強調したあとで、「[c]ところが……[d]うまが合った」というのでは、なにがなんだか分からなくなる。「ところが」は、逆接の接続詞。つまり前の文に対し後の文が反対の関係にあることを示す。

『[1]当時、岩崎は剣道が強かったし、西田は柔道がうまかった。[2]そんなことも、あってか、岩崎はなんとなく西田に親しみを感じていた。』

右のように改めてみた。どうであろうか。接続詞は、前の文と後の文とを接続させる任務を持つ。とはいえ、なんでもかんでもくっつければよいというものではない。くっつけるための論理がなければならない。

例*53* 「[1a]大学の講義で[b]教わったな、木の枝が境界を越えるときは、越境部分の[c]切り取りを所有者に[d]請求できる。[2e]したがって、[f]越境された柿を勝手に食べることはできない。[3g]つまり[h]君は、請求されたら張り出した枝をはらわねばならないわけだ」

（〝朝日新聞〟「天声人語」）

これは、例文の筆者が欅の所有者である「A君」に言った言葉として書かれている。

(1)第1文と第2文（f以下）との間に、[e]「したがって」で結ばれるような因果関係はない。越境してきた（[f]「越境された」という表現はおかしい）柿を勝手に食べることができないのは、その柿（果実）が木の所有者の所有に属するためであって、「その[c]切り取りを所有者に[d]請求できる」ためではないからである。

(2)また、第3文（h以下）は、少なくとも第2文（f以下）との間に、[g]「つまり」で結ばれるような関係はない。

(3)かえって、第3文は第1文との間に密接な関係がある。

つまり、この場合、第2文は不要なのである。

『[1]大学の講義で教わったな。[2]木の枝が境界を越えてきたときは、越境部分の切り取りを所有者に請求することができる。[3]つまり所有者である君は、請求されたら張り出した枝をはらわねばならないわけだ。』

原文の第2文を除いた。「教わったな」[b]のあとは、読点「、」でなく、句点「。」にした。

例*54* [1]列車〔の出発〕は零時三十分。[2]あとたっぷり三時間はある。[3a]しかし、陸軍はあさっての朝九時までに〔隊に〕到着すればいい私に今夜出発しろという。

（小久保均「木の葉落し」〝文學界〟所載）

「私」は召集を受けて、あさっての朝九時までに入隊しなければならない。そういう状況にある。

第1文。列車は零時三十分発。
第2文。出発まで三時間はある。
第3文。しかし、陸軍は「今夜出発しろ」という。

各文の骨子は、右のとおりである。第3文の冒頭「しかし[a]」という接続詞が少しも利いていない。のみならず、これがあるため、読者を混乱させる。なぜここに、「しかし[a]」という「反対の関係」を示す接続詞があるのか、と。

『[1]列車は零時三十分。[2]あとたっぷり三時間はある。[3]陸軍は、あさっての朝九時までに到着すればいい私に、今夜出発しろという。』

この方がまだすっきりするだろう。それでも、まだ全体として落ちつかない。第2文から第3文への転換が唐突であるからである。

『[1]陸軍は、あさっての朝九時までに到着すればいい私に、今夜出発しろという。[2]列車は零時三十分発。[3]それでもたっぷり三時間はある。』

(1)思いきって順序を変えてみた。
(2)「それでも」という接続詞を入れてみた。
(3)なお、「陸軍は」のあとと「私に」のあとに、読点を入れた。

接続詞は、安易に使ってはならない。最近の接着剤はなんでもくっつけるが、接続詞は接着剤ではないのである。

接続の魔術

「しかし」は、逆接の接続詞である。この接続詞は、ふつう文頭に置かれ、前の文と後続の文とが反対の関係にあることを示す。

「朝のうち静かだった。しかし午後になると風が吹いた。」

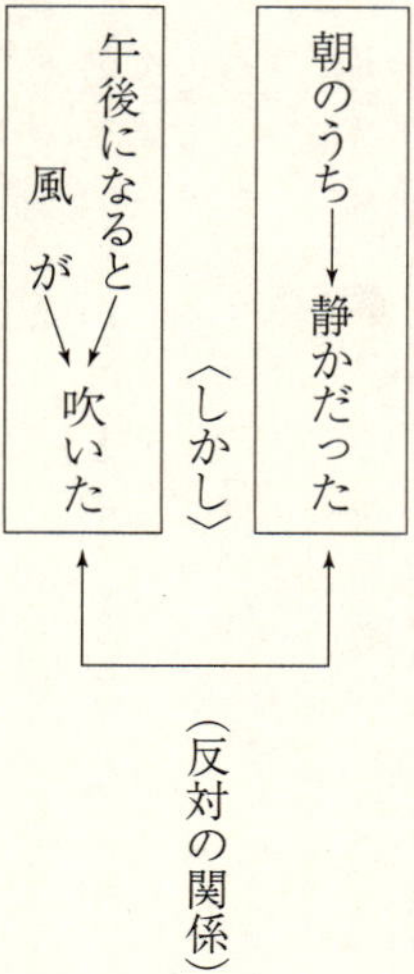

また、逆接の助詞「が」は、文の途中に置かれ、前の句と後続の句とが反対の関係にあることを示す。

「午後になると風が吹いたが、たいしたことはなかった。」

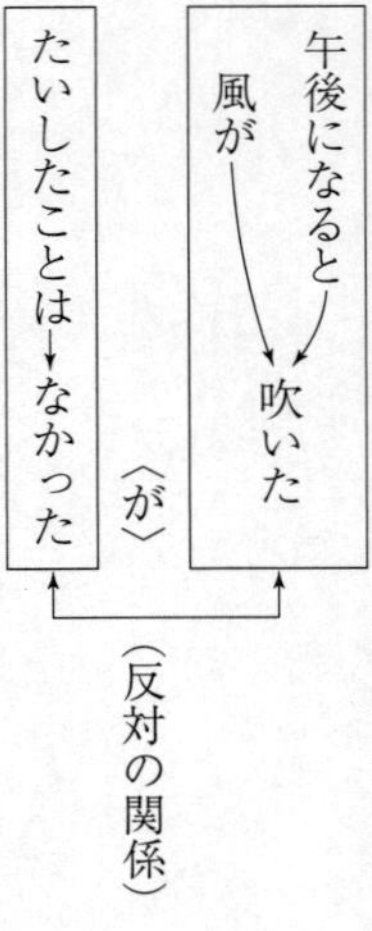

次に、文頭の「しかし」と文中の「が」との複合について。

(A)「[1]朝のうち静かだった。[2]しかし、〔1〕午後になると風が吹いたが、〔2〕たいしたことはなかった。」

この場合の、「しかし」と「が」とがそれぞれ示す反対関係は次のとおり。

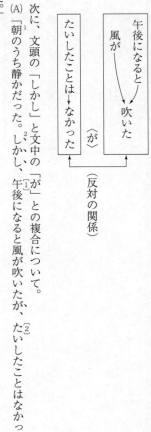

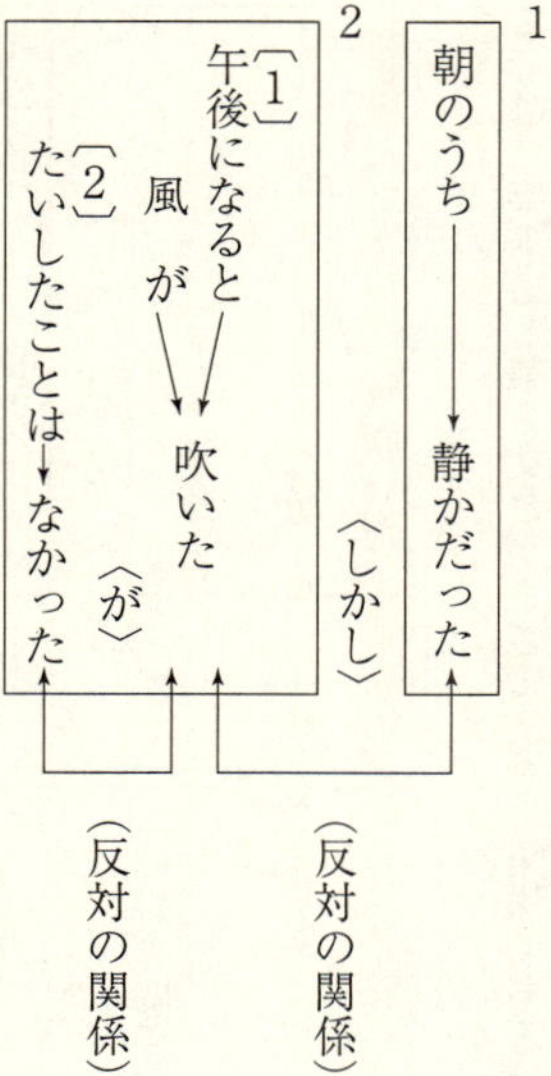

「しかし」は、文と文との反対関係を示すはずである。ところが(A)の「しかし」は、第2文の前半〔1〕――つまり従属句――についてのみ有効である。第2文の後半〔2〕――主句――については有効でない。これでは、文章として落ちつかない。なぜ落ちつかないか。つまり――

①第1文に対し、第2文の前半（従属句）が反対の関係にあり、②第2文の前半に対し、後半（主句）が反対の関係にある。ゆえに、第2文（主句）は、第1文に対し「反対の反対」の関係になる。「反対の反対」は、元へ戻ることになる。マイナスのマイナスがプラスであるごとく。

ゆえに、第2文冒頭の「しかし」は不要である。むしろ、ない方がいい。

『朝のうち静かだった。午後になると風が吹いたが、たいしたことはなかった。』

文は、一つ一つが独立した叙述である。叙述は、作者の決断でもある。曖昧であってはならない。

次の場合はどうか。

(B)「[1]朝のうち静かだった。[2]しかし、午後になると、〔1〕たいしたことはなかったが、〔2〕風が吹いた。」

この場合、「しかし」による反対関係は、第2文の後半〔2〕——つまり主句——に及ぶ。

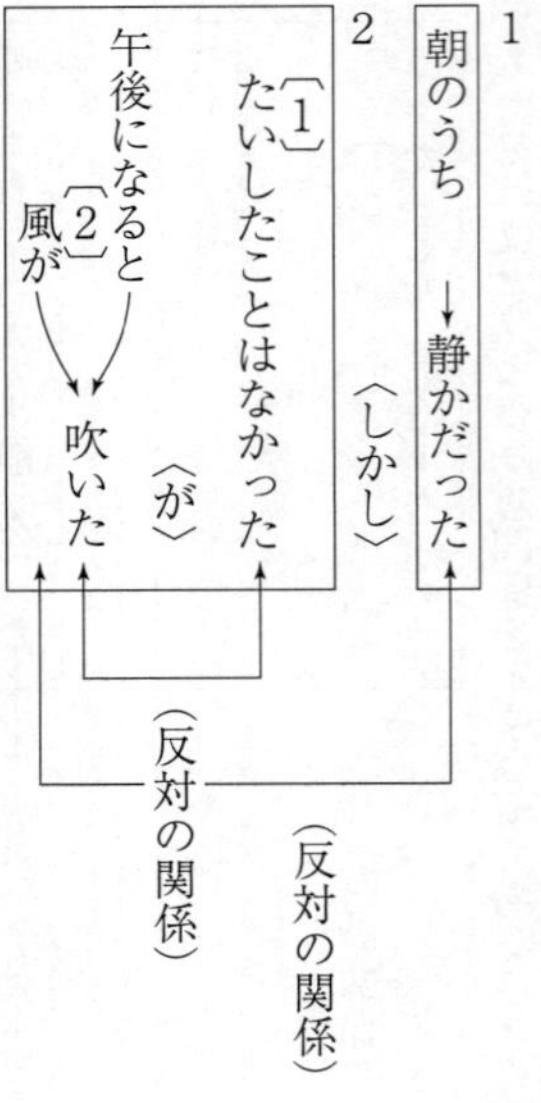

ここでは、第1文と第2文とがまさに反対の関係にある。ただ、第2文の中で、従属句

〔1〕と主句〔2〕との間にも、小さな反対関係がある。
(B)の型はさしつかえない。だが、(A)の型は避けた方がよい。

例55　[1a]モウセンゴケも食虫植物としてよく知られているが、……（略）……普通は蚊かハエぐらいのものしか捕えられない。[2b]しかし、[〔1〕c]トンボでも小型の種類のものが、うっかり長時間羽を休めたりすると、粘液の濃いのを出して[d]粘りつけ、[e]腺毛を内側に曲げて虫体を押えつけ、消化液を出して消化してしまうこともある[f]が、[〔2〕]きわめて珍しい例である。

（丸山尚敏『野に咲く花』）

「[b]しかし」の効果は、第2文の従属句〔1〕にしか及んでいない。第2文の〔1〕と〔2〕との間に「[f]が」があって、さらに反転する。「反対の反対」の関係である。この文は(A)の型。ゆえに避けた方がよい。

『[1]モウセンゴケも食虫植物としてよく知られているが、……（略）……ふつうはせいぜい蚊かハエを捕える程度である。[2]しかし、きわめて珍しい例だが、トンボでも小型のものが、うっかり長時間その上にとまっていると、モウセンゴケの濃い粘液と繊毛の動きとで体の自由を奪われ、消化液で消化されることがある。』

あるいは、次のようにしてもよい。

『[2]しかし、きわめてまれに、トンボでも小型のものが、……（略）……。』

接続の語のほかにも改めたところがある。

(1)原文の第2文では、「トンボ」[c]が主格になったり、「モウセンゴケ」[a]が主格になったりして、混乱している。これらを統一してみた。

(2)語の使い方に、次のように不自然なものがあるので、改めた。

①「粘りつけ」[d]とは珍奇な言葉である。「粘る」という自動詞をむりやり他動詞にしている。

②「腺毛を内側に曲げ」[e]とは、綿密な描写だが、かえって分かりにくい。もっと簡単な表現でよいではないか。なお「腺毛」は誤り、「繊毛」と書いた方がよい。

「しかし」の周辺

例*56*〔郁子が〕[1]その町村[a]〔＝郁子の実父〕に引き取られることになった[b]のは、半年前の、[c]母、紀子《のりこ》の死[d]が原因だった。
[2e]本所《ほんじょ》に住む義父[f]には、後添《のちぞ》いが来ることになっている。
[3g]もっとも町村に引き取られても、見知らぬ義母が[h]、郁子を待っていたわけだったが[i]、まったく血のつながりのない父親と[j]、それに新しく来る義母[k]と暮らすよりも、せめて父[l]

親だけでも血のつながりのある町村に引き取られることのほうが、[m]あるいは心が安まるようにも思えた。

（清水一行『怒りの回路』）

「もっとも」は、「しかし」ほど強くはないが、やはり逆接の接続詞として、前の文に対し後続の文が反対の関係にあることを示す。ゆえに、「[g]もっとも……[i]が」は、整理されなければならない。ほかにも、いくつかの欠陥がある。

(1)第1文と第2文との間には、密接な関係がある。むしろ、「[a]町村に引き取られることに[b]なった」原因は、「[f]義父に……後添いが来ることになっ」（第2文）たことにあるのでないか。そのことを明示した方がよい。ましてや、第2文を改行して、第1文と別の節（パラグラフ）にしなければならない必然性はない。

(2)はじめの「[h]義母」とあとの「[k]義母」とは別人であり、はじめの「[j]父親」とあとの「[l]父親」とは別人である。混同されないよう整理した方がよい。

(3)町村と義父と、義母二人と、これらの関係をもっとすっきりと表現した方がよい。

(4)「[l]父親だけでも血のつながりのある町村」とはなんのことか。ひとりよがりの表現である。

(5)「[m]あるいは」という連用修飾語を使うなら、「……かもしれない」または「……だろう」などで結ばねばならない。

『その町村に引き取られることになったのは、半年前に母の紀子が死んで、本所の義父に後添いが来ることになったためであった。[2]まったく血のつながりのない、本所の義父夫婦と暮らすよりも、見知らぬ義母が待っているとはいえ、せめてそこに実父の町村がいることに、あるいは心の安らぎをおぼえたのかもしれない。』

①三個の文を二個にした。②パラグラフも一つとした。いずれも、こうした方が自然であるから。

例*57*　長安が佐渡の鉱山奉行に任じられたのは去年の夏で[a]あったのだが[b]、彼のように[c]重[d]職兼務の奉[e]行ではすぐ現地へ赴くことはできず、ずっと家臣に仕事を委[f]ねていたのだが[g]、いよいよ三日のうちには都をたって北国を経て寺泊《てらどまり》から佐渡へ繰込むことになっていたのであった。　（有吉佐和子『出雲の阿国』）

一文の中に、逆接の助詞「が」が二つある。[a]「夏であったのだが[b]」と[f]「委ねていたのだが[g]」と。

「Aであるが、Bであるが、Cである」という言い方がおかしいことは、小学生でも知っている。(注)そこには、作者の決断がない。したがって、文としての独立性がない。

(注)　ただし、次のような文は許される。「雨が降った[1]が、そして風も吹いた[2]が、私は行った[3]。」

〔1〕と〔2〕と並立し、これらの句は、どちらも〔3〕との間に反対の関係にある。

「例57」の文では、当然「が」を減らすことを考えねばならない。そのために文が二つに分かれても、一向にさしつかえない。たとえば――

『[1]長安が佐渡の鉱山奉行に任じられたのは、去年の夏であった。[2]もともと彼のような重職兼務の奉行では、すぐに現地へ赴くことができなかったので、ずっと家臣に仕事を委ねていたのだが、いよいよ三日のうちには都をたち、北国を経て寺泊から佐渡へ繰込むことになっていたのであった。』

(1)二個の文に分け、第2文の冒頭に「もともと」という連用修飾語を入れた。

(2)「[c]彼のように」という連用修飾語は、「彼のような」という連体修飾語に変えた。前者なら「[d]重職兼務の」を修飾する。後者なら「[e]奉行」を修飾する。前者でもまちがいではないが、後者の方が安定している。

例58　[1]……〔略〕……兄弟〔=頼朝と義経と〕が[a]二十年ぶりで涙の対面をする。[2b]が、頼朝は[c]平治の乱で[d]敗れた父義朝と[e]ともに[f]敗走したが、[g]翌年、[h]捕えられて伊豆に流され、その年に生まれたばかりの義経とは、[i]別れ別れのままになっていた。

（御所見直好『鎌倉史話散歩』）

第2文、冒頭の「が」[b]は接続詞、「敗走したが」[e][f]の「が」は接続の助詞。どちらも一見逆接の機能を持っているようだが、よく見るとそうではない。つまり——

(1)最初の「が」[b]は、むしろない方がよい。なんとなれば、第1文の「二十年[a]ぶりで涙の対面をする」と第2文の主句「別れ別れ[i]のままになっていた」との関係は、反対の関係ではない。

(2)「敗走[e]したが[f]」は、「敗走し、」と中止形にした方がよい。その方が論理的である。

この文は、なおほかに奇妙なところがある。

(3)「敗れた[d]……とともに敗走した[e]」とは、「馬から落ちて落馬した」と同様、過剰な表現である。

(4)「その年[h]」とは、いつの年をいうか。①「平治の乱[c]」の起こった年をいうのか、その「翌年[g]」をいうのか。別の文献で調べるしかない。「平治の乱[c]」の起こったのは一一五九年。義経は、その年に生まれている（『義経記』）。

『[1]……（略）……二十年ぶりで涙の対面をする。[2]頼朝は平治の乱で父義朝とともに敗走し、その翌年捕えられて伊豆に流された。[3]頼朝敗走の年に生まれた義経とは、以来別れ別れとなっていたのである。』

12、この漠然たるもの――「が」を濫用するな――

「が」はくせもの

例59　[1]〔1〕[a]奈良市にある[b]率川坐《いさがわにます》大神御子《おおみわみこ》神社は、[c]大神神社の摂社[d]であるが、[e]〔2〕[f]太直禰子《おおたたねこ》神社、[g]玉列《たまつら》神社等は境内[h]にある。
　[2]其の他数多くの摂末社があるのである。　（高橋新吉『古社新神』）

補足する。①これは、奈良県の三輪山の麓にある大神神社について書かれた記事のなかの一文である。②この文の前に、(イ)大神神社の祭神が大物主神《おおものぬしのかみ》であること、(ロ)太直禰子は大物主神の子であること――などが書かれている。

ところで、この例文の「が」[e]は、どういう意味を持っているのか。

清水幾太郎は、『論文の書き方』のなかで、接続の助詞「が」に少なくとも三つの用途がある、と書いている。

(A)「しかし」「けれども」「にも拘らず」の意味で使われるもの（反対の関係）。〜（例）「勉強したが落第した。」

(B)「それゆえ」「それから」の意味で使われるもの（因果関係）。〜（例）「勉強したが及第した。」

(C)「そして」という程度の、ただ二つの句を繋ぐだけの、無色透明の使い方（漠然たる関係）。

三つ目の「漠然たる関係」というのは、わたくしの命名による。「曖昧模糊たる関係」と言ってもよい。わたくしがこういう言い方をするのは、この種の「が」を使うとき、作者の意図が不明確であることが多いからである。清水幾太郎は、そういうモヤモヤの原始状態を抜け出ることが本当に文章を書くことである、という意味のことを書いている。

わたくしは、(B)の使い方をも排除した方がよい、と思う。「勉強したが及第した」は、もし本当に「勉強したこと」と「及第したこと」との間に因果関係があるのなら、「勉強したので及第した」と書いた方がよい。(B)の使い方も、(C)と同じく「漠然たる関係」を示すもの、と私は言い換える。（注）

（注）ほかにも、使っていい「が」がないわけではない。たとえば、明らかな挿入句を形成する場合。「現金は、金庫——といってもチャチなものだが——に入れることになっていた。」

「例59」の場合の「が」[e]は、右のパターン(A)に該当するようでもあり、そうでないようでもある。「大神神社の摂社・率川坐大神御子神社は、奈良市にある。けれども、同じく摂社の太直禰子神社などは、三輪山麓の本社の境内にある。」という意味ならば、パターン(A)に該当する。しかし――

(1)原文の第1文〔1〕の部分は、「……神社は大神神社の摂社である」という定義づけ。これに対し、〔2〕の部分は、「……神社等は……境内にある」という、あり場所の叙述。両者次元を異にする。次元を異にするものの間に、どうして反対関係がありえようか。(〔1〕の部分の「奈良市にある」[a]は、連体修飾語であって、叙述ではない)。

(2)「太直禰子神社[f]、玉列神社等[g]」も「大神神社の摂社」[c][d]であるのか。もしそうであるなら、その旨を明瞭に記載しなければならない。

(3)「……玉列神社等[g]は境内にある[h]」の「境内」[h]とは、(イ)「大神神社」[c]の境内をいうのか、(ロ)「率川……神社」[b]の境内をいうのか。どちらでもあるようだし、どちらでもないようでもある。原著書の他の部分を読みなおしてみても分からない。

別の文献(中山和敬著『大神神社』)を調べ、はじめて(3)についての真相が分かった。すなわち、①率川坐大神御子神社の境内にあるのは、(イ)大神神社の摂社・率川阿波神社、(ロ)同末社・住吉社、(ハ)同末社・春日社――の三社だけである。②大《ママ》直禰子神社は大神神社の境内にある。③玉列神社は、正確には大神神社の境内ではないが、同社の近くにある。④

大神神社の近くには、その他多くの摂末社がある。

ここまで調べてみて、原文の「が[e]」は、反対関係を示すために作者が置いたのであろう、と推測した。その反対関係とは、「①大神神社の摂社・率川坐大神御子神社は遠く奈良市にある。だが、②同じく摂社の太直禰子神社、玉列神社等は、大神神社の境内あるいはその近くにある。」ということである。それならば、次のように改めてみよう。

『[1]大神神社の摂社・率川坐大神御子神社は奈良市にあるが、同じく摂社の太直禰子神社、玉列神社は、それぞれ大神神社の境内またはその近くにある。[2]そのほか数多くの摂末社が大神神社の近くにあるのである。』

もっとも、「率川坐……神社」と「太直禰子神社・玉列神社」とを反対の関係を示す「が」で結ぶ必要もないように思われる。それならば、次のように書いてもよい。

『[1]奈良市にある率川坐大神御子神社は、大神神社の摂社である。[2]大神神社には、ほかに太直禰子神社、玉列神社など多くの摂末社があり、これらの大部分は大神神社の境内もしくはその近くにあるのである。』

文中に「が」が出てくると、読者は、そのあと、前の句に対する反対の叙述があるであろう、という期待を持って読み進める。期待を裏切られたとき、とりわけそれが「漠然たる関係」であるらしい――あると断定できないところが「漠然たる関係」の「漠然たる関係」であるゆえんである――と気づいたとき、わたくしはなんともやりきれないモヤモヤしたものに包まれる。読者諸氏はどうであろうか。

例*60*　〔1〕〝梅田すてん所〟と呼ばれた駅の建物は、赤レンガの二階建て洋館であったが[a]、〔2〕市街地と駅をむすぶ道は、[b]いまの[c]四ッ橋筋と[d]出入橋を[e]とおる二本だけであった。

（藤本篤『大阪府の歴史』）

この場合の「が[a]」を挟む前後の句――〔1〕の部分と〔2〕の部分と――は、たがいにほとんど関係がない。だから、二つの句は、むしろそれぞれ独立の文として扱った方がよい。

なお、「[b]いまの[c]四ッ橋筋と[d]出入橋を[e]とおる二本」という表現は、すっきりしない。並立の語句の原則が守られていないからである。

『[1]〝梅田すてん所〟と呼ばれた駅の建物は、赤レンガの二階建て洋館建てであった。[2]そして、その駅と市街地とをむすぶ道は、いまの四ッ橋筋と出入橋筋との二本だけであった。』「出入橋筋」という言葉があるのかないのか、わたくしは知らない。もしこういう言葉が使えないのなら、次のように改めよう。

『[2]……（略）……むすぶ道は、いまの①四ッ橋筋と②出入橋をとおる道筋と――の二本であった。』

「が」の重複

わたくしが永いあいだ勤めた職場では、部下の書いた文章に上司が手を入れる。わたくしは若いとき、さまざまな上司に出あった。いま振りかえると、上司の加筆のし方にも、いくつかのパターンがあった。

(1)むだな表現を容赦なく切り捨て、個々の文も短くする。

(2)概して長い文が好き。ただし、自分のリズムに統一する。

(3)短い文は嫌い。接続の助詞などを用いて、文を長くする。しかし、明瞭な方針がなく、どちらかと言えば、行きあたりばったり。

(4)全然加筆しない。この型には、①部下の筆力を信頼しているための場合と②やる気がないための場合と——の二つがあった。

型(2)の上司は、いずれも名文家であった。それなりにわたくしは尊敬した。(1)の型の上司は、かならずしも文章家といえない人だった。しかし、その文は簡潔で力強かった。おかしなことに、わたくしは、むしろこの人から文学上の表現に影響を受けた。

型(3)の上司についてわたくしは、少なくとも文章に関する限り、心の中で軽蔑した。定見のない直し方だから、たちまちリズムを崩してしまうし、また崩したことに気づかない。

わたくしは、その上司に分からないように、またその文を書き改めたりして、自分の良心を辛うじて守った。

後年、わたくしが加筆する立場になったとき、(1)の型になろうと努力したことは、いうまでもない。同時に、原作者のリズムをできるだけ生かしたいと思った。

(1)の型となって文章を削っていくことの必要性は、自分の書いた文章に対する場合でも例外でない。自分の書いた文を、少し時間を置いて客観的にみるならば、直さねばならないところがかならずあることに気づくであろう。削るとか、加えるとか、順序をかえるとか。そのなかで、なんといっても削ることの効果は大きい。削ることによって、もっとも必要な部分がクローズアップされるからである。

ところで、(3)の型の場合、いわゆる「詞」を書き加える人は少ない。多くの場合、「辞」——いわゆる「テ・ニ・ヲ・ハ」——をいじる。とりわけ、接続詞や接続の助詞を使って文を長くすることが多い。なかでも、わざわざ無用の「が」を使って文を長くする人が少なくない。そういう人は、短文ということにひどく不安を感じるらしい。

とまれ、「が」は安易に使うべきではない。単に句と句とをつなげ、長文にするために使う、というようなことをしてはならない。それは、作者の意思を不明確にするばかりだ。もしかしたら、自分の思想や意図の不明確さをごまかすために、「が」を使うのでないか、と思われるくらいだ。

例*61*　これ〔＝公害をテーマとしたマンガ〕は現実の残酷さ[a]を批判するマンガというわけだが[b]、水俣病、イタイイタイ病を取りあげたマンガは先に述べたが[c]、その他公害をひにく[d]った短いマンガはいくつもある。

（藤島宇策『現代マンガ指導入門』）

この例文では、「残酷さ[a]を批判する」とか、「公害をひにく[d]」るとか、言語感覚のずれが目だつ。

(1)「残酷さ」と認識したとき、作者（またはマンガ家）は、すでに批判している。この上、なにを批判するのか。「残酷さを訴える」とでも言った方がよい。

(2)「公害」と認めた以上、「ひにくる」とはよそよそしい。むしろ、「公害を批判する」とでも言った方がよい。「公害問題を取り上げる」と言ってもよい。もっとも、マンガ家が公害を格別批判するのでなく、くすぐる程度であったのなら、「公害問題をひにくる」とでもした方がよい。

だが、この例文の致命的な欠陥は別にある。いうまでもなく、無意味な「が」が、「マンガというわけだが[b]」「先に述べたが[c]」と二度にわたって使われていることである。

『[1]これは現実の残酷さを訴えるマンガである。[2]水俣病、イタイイタイ病を取りあげたマンガは先に述べた。[3]その他公害問題を取り上げた短いマンガはいくつもある。』

例62 〔中川宮は〕明治元年八月、新政府への反逆罪に問われ、皇族としての地位、身分のすべてを剝奪《はくだつ》され、広島に幽閉された[a]が、この時の行政官布告によれば

「付テハ[b]向後、朝彦ト称シ候事」

とある[c]が、そのときの家族の世話などは、宗家たる伏見宮でとり扱ったというから、[d]この当時は、[e]伏見朝彦と呼ぶべきであり、[f]公式文書にもそう扱われている。

〔長文連『皇位への野望』〕

ここにも二つの「が」がある。aは「漠然たる関係」を示す「が」であり、cはちょっと判断に苦しむ「が」である。

少し補足する。中川宮は、①伏見宮邦家親王の第四王子として生まれた。②出家して青蓮院法主となり、青蓮院宮または粟田宮と呼ばれた。③還俗して中川宮を名のった。④公武合体派を指導し、クーデターを断行、尊攘派を追放し、元服して朝彦《ともよし》の名を賜わった。⑤元治元年、賀陽宮《かやのみや》を創立。⑥以下例文のとおり。

ところで、「[d]この当時は、[e]伏見朝彦と呼ぶべきであり」とは、どういうことか。行政官布告に「[b]向後、朝彦ト称シ候事」とあるのを、単に「朝彦」と言わないで「伏見朝彦」と言うべきだ、ということか。それならば、「[f]公式文書にもそう扱われている」ということ

は、どういうことか。「行政官布告」は公式文書でないのか。作者の真意を推測するのは困難である。ここでは「行政官布告において伏見朝彦と呼ぶべきである」と言いたかった、として例文をなおしてみよう。

『[1]明治元年八月、新政府への反逆罪に問われ、皇族としての地位、身分のすべてを剝奪され、広島に幽閉された。[2]この時の行政官布告には「付テハ向後、朝彦ト称シ候事」とあるが、そのときの家族の世話などは、宗家たる伏見宮でとり扱ったというから、右の布告においても伏見朝彦と呼ぶべきであった。[3]他の公式文書にもそう書かれている。』

このようにすれば、第2文の「が」は、「反対の関係」をあらわす「が」として機能する。

「が」を濫用しない、よい例を挙げよう。

例*63* [1]天智天皇が病死し、皇位継承をめぐる朝廷内部の対立はにわかにあらわとなった。[2]天智天皇の皇子大友は、天智天皇のなくなる年に太政大臣となり、皇権をうけついだかにみえた。[3]だが、身に危険を感じて吉野に引退した前皇太子大海人は、実力をもって皇権にいどんだ。

（上田正昭『日本神話』）

無思慮な作者なら、①第1文と第2文とを「が」によって漠然とつないだかもしれない。また、②第3文の冒頭「だが」のかわりに逆接の助詞「が」を用い、第2文と第3文とを結んで一文にすることは、より簡単にできる。①を避けたのは、作者が論理を大切にしたからであろう。②を避けたのは、この方が読者の理解を助けると判断したからであろう。

13、切れ目を示せ——読者のための句読点——

〝ふたえにおりてくびにかける〟

例*64*　お貞は町方[a]に住みながら、武家出の意識を持つ馬琴の心中を知っていて、わざとお百（＝馬琴の妻）を「お内儀」とも「奥さま」とも呼ばず、「奥方様」などと大仰な表現をする。
（平岩弓枝「へんこつ」〝日本経済新聞〟所載）

「町方[a]に住みながら」というのは、お貞のことか、馬琴のことか。原文では、お貞のことのように取れる。だが、文を最後まで読むと、馬琴のことを言っているらしいことに気づく。（小説では、お貞も馬琴も町方に住んでいることになっている。）

『お貞は、町方に住みながら武家出の意識を持つ馬琴の心中を知っていて、わざとお百を「お内儀」とも「奥さま」とも呼ばず、「奥方様」などと大仰な表現をする。』

読点「、」をわずかに移動させるだけで、意味がきわめて明瞭になる。

よく言うではないか。「ふたえにおりてくびにかけるじゅず」では、誤解を招く。「ふたえにおり、てくびにかける」と書くか、「ふたえにおりて、くびにかける」と書くかすれば、意味は明瞭になる。もちろん、この場合は、漢字を使うことでも誤解を防ぐことができる。漢字を上手に使うこともまた、読者に対する親切である。漢字は、なるべく重要な詞に使うようにすればよい。この方法によって、「引きだし」のなかの重要な語をクローズ・アップすることができる。いまは、しかし、句読点の使い方について述べよう。

「例*64*」による教訓は二つある。これを原則の第一・第二とする。

原則の第一。題目語を形成する助詞「は」の次には、原則として読点を打つ方がよい。とくに文が長くなるとき、題目語のあとの読点を欠かさない方がよい。

原則の第二。係る語と係られる語とが接近しているときは、原則としてその間に読点を打たない方がよい。

係る語と係られる語とが隔たっているときはどうか。

例*65*　[a]野次馬根性から[b]ノーベル賞を[c]授与された日本人について、文化勲章授与とのタイムラグを[d]調べてみた。

（建元正弘「あすの話題」〃日本経済新聞〃所載）

「[a]野次馬根性から」という連用修飾語は、なににかかるのか。①これは当然用言に係る。とすれば、②「[a]野次馬根性から→[c]授与された」という関係か。③それではおかしい。いくらなんでも、ノーベル賞が野次馬根性で与えられることはないだろう。では、④「野[a]次馬根性から↓調[d]べてみた」か。⑤そうらしい。——と、読者は、この文を理解するために、こういう試行錯誤を繰り返すであろう。これは、無駄で非生産的な試行である。

『野次馬根性から、ノーベル賞を授与された日本人について、……（略）……を調べてみた。』

このように、「野次馬根性から」の次に読点を打てば、この修飾語がすぐ次のでなく、もっと遠くの動詞に係るであろう、という予測がつく。読点は、このように、被修飾語のある位置を予測させる効果を持つ。いわば、パイプの行く手を明示する役目を持つのである。

原則の第三。係る語と係られる語との間が相当に隔たっているときは、係る語のあとに読点を打つのがよい。

例*66*　東[a]桜島村は鹿児島市と合併[b]したが[c]西[d]桜島は合併を拒否[e]して、鹿[f]児島と桜島間の、大型フェリーボートによる運輸事業と、島[g]内の観光事業を村[h]で経営して莫大な収益を上[i]げていた。　（新田次郎『桜島』）

この文には、二つの題目語がある。そして、「(A)の題目語とその叙述」と「(B)の題目語とその叙述」との間に、逆接の助詞「が」がある。そうであるから、この文の中のもっとも大きな切れ目は、「が」の次になければならない。

(A)　東桜島は[a]……合併した[b]　〈が〉[c]

(B)　西桜島は[d]合併を拒否して、[e]……収益を上げていた。[i]

読点を、文の中の一番大きな切れ目に打たないで、いったいどこに打てばよいというのだろうか。なお、「鹿児島と桜島間の」[f]は、「鹿児島と桜島との間の」または「鹿児島・桜島間の」とするがよい。

『東桜島は鹿児島市と合併したが、西桜島は合併を拒否して、鹿児島・桜島間の大型フェリーボートによる運輸事業と、島内の観光事業とを経営し、莫大な収益を上げていた。』

原則の第四。題目語が二つあるときは、最初の「題目語＋叙述」のあとに——接続の助詞が続くときはそのあとに——読点を打つのがよい。

同じく「例66」。「拒否して」[e]のあとに読点がある。これは原文どおりでよろしい。「観光事業を村[h]で経営して」[g]は、「観光事業とを経営し」として、そのあとに読点を加えた。「村で」[h]は、不要だからはずした。

原則の第五。中止形のあとには、読点を打った方がよいことが多い。
ただし、読点を打つことによって、係る語と係られる語との関係が不明瞭になるときは、読点を打たない方がよいことがある。

なお、右の文、わたくしなら次のように表現する。

『東桜島が鹿児島市と合併したのに対し、西桜島は……（略）……。』

こうすれば、題目語がただ一つになり、テーマがより明確になるからである。

そして、原則の第六。文頭の接続詞、あるいは接続の役目を持つ語——「このため」「かくして」——などのあとには、読点を打った方がよい。たとえば次の例文のように。

例*67*　もっとも[a]、パニックと不安感の関係を示す証言は[b]、かならずしも[c]、以上のような断片的な談話に限られるものではない。（宮崎義一『新しい価格革命』）

接続詞「もっとも[a]」のあとに読点がある。また、①題目語「……証言は[b]」のあとの読点（原則の第一）、②連用修飾語「かならずしも[c]」のあとの読点（原則の第三）もよく機能している。

大きな切れ目と小さな切れ目と

例68　[a]金君は[b]芝浦の埋立地に、[c]掘立小屋を建て、[d][e]東京市から残酷な追い立てを食いながら頑張っている朝鮮の人たちを[f]書くのだといっていた。

（村山知義――安宇植『金史良』より）

「[a]金君は」のあとに読点を打った方がよい（原則の第一）。「[b]芝浦の埋立地に」のあとの読点は除いた方がよい（原則の第二）。「[c]掘立小屋を建[d]て」のあとには、原文どおり読点を打った方がよい（原則の第五）。

また、「[e]東京市から」から「[f]書くのだ」までは、「金君」の言った言葉であるから、いわば文中の小文である。ゆえに、「[f]書くのだ」のあとに読点を打った方がよい。

原則の第七。文中に完成された小文が含まれる場合は、その小文の直後に読点を打つのがよい。例。「日本は美しい、とAが言った。」なお、「日本が美しいことを……」という場合の傍点部分は、小文ではない。

『金君は、芝浦の埋立地に掘立小屋を建て、東京市から残酷な追い立てを食いながら頑張っている朝鮮の人たちを書くのだ、といっていた。』

しかし、ここに、問題が一つある。「芝浦の埋立地に掘立小屋を建て」たのは、「金君」であるようにも読めることである。作者の意図は、そうでないだろう。では――

(1)「……[c]掘立小屋を[d]建て」のあとの読点を除こうか。しかし、これは、原則第五に反する。というのも、区切りのない長い文となって、読みにくいからである。

(2)語順をかえてみたらどうか。たとえば――

『芝浦の埋立地に掘立小屋を建て、東京市から残酷な追い立てを食いながら頑張っている朝鮮の人たちを書くのだ、と金君はいっていた。』

(3)あるいは、語順をかえたうえに、文を分けてみようか。

『[1]金君はいっていた。[2]芝浦の埋立地に掘立小屋を建て、東京市から残酷な追い立てを食いながら頑張っている朝鮮の人たちを書くのだ、と。』

(4)または、「」を使ってもよい。

『金君は、「芝浦の埋立地に掘立小屋を建て、東京市から残酷な追い立てを食いながら頑張っている朝鮮の人たちを書くのだ」といっていた。』

第二次大戦が終わり一種の文化革命が起こるまで、手紙には、句読点を打ったり濁点を施したりしないのが普通であった。いまでも、そういう風習がないでもない。そういう伝統があるからであろうか、句読点について、寛大と言おうか、ルーズと言おうか、はっきりした態度の見られない文章が少なくない。

わたくしは、ひとの原稿を読むとき、①各葉にページが打たれているか、②節（パラグラフ）の冒頭に段落があるか、③句読点に心づかいのあとがみられるか――によって、その人に最少限の文章能力があるかどうかを測ることができる、と考えている。物を書くに際しての、そういう基本的な心構えのないものに、機能的な文章が書けるはずがないからである。

読点の打ち方には、いまでも確たる法則があるわけではない。とはいえ、文章の機能性を考えるならば、少なくとも右の七か条について考慮するがよい、というのがわたくしの仮説である。それぞれの場面に直面したら、一度立ちどまって、読点を打った方がよいかどうかを考えよう。その際、やたらと読点が多くなるようなことがあれば、なにがより重要であるかを判断しなければならない。

読点は、切れ目を示すものである。切れ目には、大きなものもあれば、小さなものもある。①大きな切れ目の読点は、欠かすことができないが、小さな切れ目の読点は、省略してよいことが多い。のみならず、②大きな切れ目を明示するためには、むしろ小さな切れ目の読点を省略した方がよいことが多い。

肝心なことは、どうすれば読者にとって分かりやすいものになるか、ということを考えることである。

原則の第八。以上の原則のうちでも、大きな切れ目を示す読点は、とりわけ欠かすことができない。より小さな切れ目を示す読点は、状況に応じて省略してもよい。ないしは、省略した方がよい。

例*69* [1]実は、華南の最前線で日本の降伏を知った時、とても生きては帰れないだろう、どんな死にざまになるのか、と自分のことを思った。[2]と同時に、天皇の自決はどんなふうであったのだろうか、ということもすぐ頭に浮かんだ。[3]すると、この国譲り[a]の場面がおのずと思い浮かんできた。（益田勝実『火山列島の思想』）

この文章は、明快で歯切れがいい。個々の文も長くないし、読点の打ち方も間然する所がない。だから、リズム感もある。

この文の前の方に、古事記からの引用がある。八重《やえ》事代主《ことしろぬし》が国譲りに同意したのちに、海で自決したことについて。「すなはちその船を踏み傾けて、天の逆手を青柴垣《あをふしがき》に打ち成して隠りき」と。例文にいう「国譲り[a]」とは、これらのことをいう。

益田勝実のこの文章を読んだとき、わたくしはかつてない感動を覚えた。もし、歯切れの悪い文章で書かれていたら、それほど感動はしなかっただろう。

読点の打ち方に心を使うことは、文章の構造に気を配ることにもなる。文章の構造に気を配れば、おのずから律動的な文章を生むであろう。

さまざまな工夫

読点の打ち方には、まだいくつかの法則がありそうである。たとえば(注)——

例*70* ……〔略〕……ここ[a]数日来店の前には午後三時頃から夕食を求める行列が出来るようになっていた。　（堺屋太一『油断』）

この「[a]数日来」のあとに読点があった方がよい。「数日来店の」と誤読されないために、である（⌒はリズムの単位を示す）。もちろん、順序を変えるという方法もある。何度もいうように、なにが機能的であるか、なにが読者に対し親切であるか、ということが基本になければならない。

（注）このほか、①感動詞のあと、②挿入句の前後——などにも読点を打った方がよい。

ところで、日本語文では、かつて、語句の切れ目を示す符号として、句点と読点とがあるのみであった。文末には句点を用い、文中には読点を——読点だけを——用いてきた。だが、この頃では、もっと多くの符号を用いることがある。

例*71* 〔交通巡査が〕両腕を水平に上げているときは、横に水平に上げた腕に平行する車両・人に「すすめ」、[a]対面する車両・人に「とまれ」の指示だ。

（佐賀潜『道路交通法入門』）

ここで用いられている中黒《なかぐろ》「・」は、読点よりも小さな切れ目を示している。こういう使い方は、たいへん合理的である。

ただし、例文の「[a]対面する車両・人」という表現は、不適当である。巡査の後方から来る車や人が含まれていないからである。

『両腕を横に水平に上げれば、その腕に平行に進む車両・人に「すすめ」、腕に対し直角に進む車両・人に「とまれ」の指示だ。』

例*72*　特に日銀では、①[a]大企業との取引が多い都銀のワク繰りが窮屈になっている②このため、経営の悪化している企業への貸し出しに応じられない懸念も出始めている③企業倒産が七月から増勢に転じた——ことに加え[b]、六月の定期性預金を含む通貨供給量が前年に比べ一二・四%[c]増にとどまっており、[d]ここで七—九月の窓口規制ワクを増やしても、過剰流動性につながるおそれはあまりないと判断している。

（〝日本経済新聞〟記事）

この例文は、かなりの長文であるにもかかわらず、読みにくくない。その理由の第一は、箇条書きをうまく使っていること、第二は、読点その他の符号を巧みに使っていること——である。

長い文章のときは、なるべく箇条書きを使うのがよい。とりわけ、実用文のときは、そうしたい。この例文は、一九〇字に近い長文であるが、箇条書きにすることにより、整然としたものになっている。そして、③の句のあとに「——」がはいって、これが並列の終了を示している。「——」のかわりに、読点を施してもよいだろう。箇条書きによる語句の並列の末尾に「——」を入れることは、たしか「日本経済新聞」の発明でなかったか、と思う。いまでは、多くの新聞が使っている。

なお、この例文、「……[b]に加え、……[c]とどまっており、……[d]と判断している」は、落ちつきが悪い。『……に加え、……とどまっているので、……』とした方がよいだろう。

例*73*　このうち在庫投資の増加は、不況による売れ残りによる「意図せざる在庫」のふくらみにほかならない。

（宮崎義一『新しい価格革命』）

このように、「」（カギカッコ）は、特別の語句を浮き彫りにすることもできるし、読点以上に、文の切れ目を明示することもできる。〈〉（ヤマカギ）を使う方法もある。

次の例文も、「」を使えば救われる。

例*74*　たとえば、ブレイクニー少佐は、皇帝溥儀は板垣大佐と会見したとき、故郷である満州の治安の乱れを憂い、進んで親政の機会を得たい、と提案したと[a]聞いている。そこでまず満州の事情をどのように知ったのか、新聞を通じてか、と質問した。

（児島襄『東京裁判』）

「[a]聞いている」の次に句点「。」があるのが不自然である。「　」を使ってみよう。

『たとえば、ブレイクニー少佐は、「皇帝溥儀は板垣大佐と会見したとき、故郷である満州の治安の乱れを憂い、進んで親政の機会を得たい、と提案したと聞いている。そこでまず満州の事情をどのように知ったのか、新聞を通じてか」と質問した。』

14、正しく伝える努力

ひとりよがりの罪

いままで、わたくしは、機能的な文章とはどういうものか、ということを追求してきた。そのために用意したのは、「工学の理論」であった。そしてまた、機能的な文章を書くためには、作者を内から支えるもの——読者に対する親切心——がなければならない、ということも、あわせて述べてきた。

以下「17、文と人間」までは、とくに「読者に対する親切」という観点から考えてみることとしよう。その場合でも、おのずから「文章の機能性」ということに帰着するであろう。

例*75*　それで、[a]緒方は、中隊長の[b]当番兵に、そのときまで緒方が接した人間、つまり[c]立哨中の兵隊と、[d]緒方を案内した衛生兵と、[e]当番兵自身に、[f]自分が此処へ来ていることは[g]絶対に[h]言わないように[i]言った。

（有馬頼義『大陸』）

この文を読んで、意味が取れるか。[h]「言わないように」には、なにが係るのか。

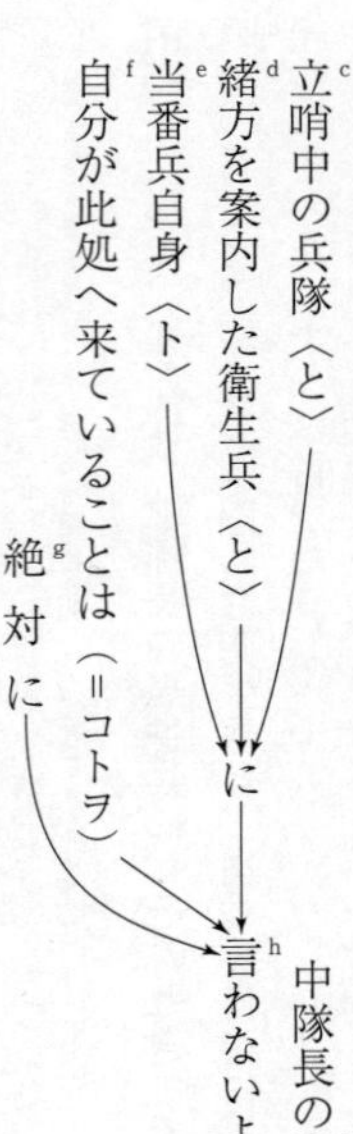

つまり、[f]「自分が此処へ来ていることを」「c・d・eの三人に」[h]「言わないように」[b]「当番兵に」[i]「言った」ということになる。これはおかしい。第一に、c・d・eの三人は、緒方がここへ来たときに会って（＝接して）いるのであるから、当番兵に対し、「c・d・eには言わないように」言ってもむだなことだ。第二に、ましてや、当番兵（＝e）に対し、e自身に言うな、というのはナンセンスである。

おそらく、作者は、次のように言いたかったのであろう。

『それで、緒方は、中隊長の当番兵に、自分が此処へ来ていることを絶対に他言しないように、また、そのときまでに緒方が接した他の二人――つまり立哨中の兵隊と、緒方を案内した衛生兵と――にも、その旨言い含めるように、言った。』

例76　この植物（＝コノデガシワ）の[a]梢は[b]平面的に直立して、多くは[c]南北を[d]指し、この梢の面を見ると、だいたい方角が判断できる。

（小清水卓二『万葉の草・木・花』）

「梢[a]は（＝梢ガ）平[b]面的に直立し」とは、なんのことか。「平[b]面的に直立し」た梢が「南[c]北を指[d]」すとは、どういうことか。これらのことばから、コノデガシワなる植物のイメージをえがくことができるか。

『広辞苑』には、コノテガシワについて次のように書いてある。「……葉はヒノキに似て鱗片状で表裏の別なく枝が直立、扁平で掌を立てたようである。」これならまだ分かる。「枝が直立」がちょっと分かりにくいが、鱗片状の葉のついた枝のことをいうのだろう。

例文でいう「梢」とは、『広辞苑』によれば、「木の末、枝の末」のことである。ここは、「梢」といってもまちがいではないだろうが、もう少し具体的に説明できないだろうか。

さらに、「梢[a]は（＝梢ガ）→（南北を）指[d]し」という表現もはっきりしない。ここは、掌を立てたような形の枝の両面が南と北とを指す、ということなのだろう。

『[1]この植物は、鱗片状の葉をつけた枝が、扁平に拡がって直立し、掌を立てたようである。[2]その両面が多くは南北を指すので、その向きを見ることによって、だいたいの方角を判断することができる。』

長くなったが、イメージを正確に伝えるためには、やむをえないであろう。「掌を立てたよう」というような直喩は、イメージを伝えるのに効果がある。

例77　[1]堀の掘り方もいろいろで、箱堀《はこぼり》、薬研《やげん》堀、諸薬研《もろやげん》、片薬研《かたやげん》、[a]毛抜《けぬき》堀などと呼ばれるものがある。[2b]箱堀は文字どおり断面が四角のもの、[c]薬研堀は断面が三角でV字型のもの、[d]諸薬研は両岸が傾斜のもの、[e]片薬研は底の丸いものである。[3]なお、薬研とは漢方で、薬物を粉末にする器具のことである。　（井上宗和『日本の城の謎』）

第2文に、堀の型についての説明がある。この説明で読者に通じるのだろうか。

(1)「[b]箱堀は……断面が四角」。これはなんとなく分かる。

(2)「[c]薬研堀は断面が三角でV字型」。このうち「三角で」は不要。むしろない方がよい。

(3)「[d]諸薬研は両岸が傾斜のもの」。「両岸が傾斜しているもの」と言わねばならない。それにしても、両岸がどのように傾斜しているのか。①まさか底が拡がるように傾斜しているのでもあるまい。②それならばV字型か。②であるならば、「[c]薬研堀」とどう異なるのか。

(4)「[e]片薬研は底の丸いもの」とは、どういうことか。両岸はどうなっているのか。

(5)「[a]毛抜堀」とはどんな型の堀か。なぜこれには説明がないのか。

考えても分からないので、ほかの資料（人物往来社『日本城郭全集』月報）に当たってみた。すると、①「諸薬研」も「片薬研」も、「薬研堀」の一種であるらしいことが分かった。つまり、「諸薬研」はV字型。「片薬研」は片岸が垂直で、他の片岸が傾斜しているもの。また、②「毛抜堀」とは、両岸が垂直で底が丸くなっているもの――U字形のもの――のことらしい。U字形は毛抜きの形に似ている。だからこの型を毛抜堀といったのであろう。(例文の作者は、「片薬研」と「毛抜堀」と混同したのでないか。)

『[1]堀の掘り方にもいろいろある。[2]箱堀、毛抜堀、薬研堀など。[3]箱堀は断面が箱型のもの、毛抜堀は断面が毛抜に似た形、つまりU字型のもの。[4]また、薬研堀とは、断面が薬研――漢方で薬を粉末にする器具――に似ていることから付けられた名で、そのうち、V字型のものを諸薬研、片岸だけ傾斜して他の片岸が垂直になっているものを片薬研という。

箱堀

毛抜堀

諸薬研

片薬研

』

このように、図を入れることはきわめて効果が大きい。むしろ、文章をやめて図だけにした方がいいくらいだ。

文章というものは、書いている段階では、まだ作者のメモのようなものである。だから、どんなに舌ったらずであってもさしつかえない。自分にしか分からない符号を使って書いても一向さしつかえない。しかしながら、いったん作者の手を離れてしまうと、作者の意思とは無関係にひとり歩きを始める。そのときになって、そんなはずではなかった、と言ってももう遅い。そのとき文章は、すでに作者の手の届かないところにある。

だから、書いたものは、一度客観の底に落とし、読者の立場に立って、冷静に読みなおすのがよい。表現力の欠如は、そういう努力でたいがいは補えるものである。言いかえれば、表現力の欠如の大部分は、作者の怠慢による、というべきである。

より親切な表現

例*78* [1]一行は島原につくと牢舎に入れられた。[2a]一部屋[b]三尺しかない[c]天井で[d]畳が一畳しいてあるだけの場所だった。[3e]この中に彼等のうち四人が放りこまれ、あとの三人もほとんど同じ狭さの場所に押しこめられた。

（遠藤周作『切支丹の里』）

第2文について。

(1)「[a]一部屋[b]三尺しかない[c]天井で」とは、なんのことか。「[b]三尺しかない」という連体修飾語は、「[c]天井」を修飾する。天井の高さが三尺しかない、ということか。それなら、「天井の高さが三尺」と書いた方がよい。

(2)「[a]一部屋……」と書いていることは、そういう部屋がいくつかあることを意味する。

それなのに、第3文で「[e]この（中に）」という、特定のものを指す指示代名詞を使っている。これでは、第2文と第3文とがつながらない。整理した方がよい。

(3)「[d]畳が一畳しいてあるだけの場所」とは、どういうことか。ほかに、畳の敷いてない平面があるのでないか、という疑問が残る。もし、①畳が一畳しいてあり、②それ以外に平面はない——というのであるならば、「畳一畳しいてあるだけの広さ」と書けばよい。

『[1]一行は島原につくと牢舎に入れられた。[2]牢舎は、畳一畳しいてあるだけの広さで、天井の高さ三尺。[3]この中へ、一行のうち四人が放りこまれた。[4]他の三人も、同じような狭い場所に放りこまれた。」

例*79* [a]道明上人が入定して[b]四一年後、聖武天皇の[c]神亀《じんき》四年（七二七）になり、焼けた西ヶ丘の初瀬寺にかわり、東ヶ寺〝[d]長谷寺〟が[e]誕生し、本尊を十一面観音として西国観音霊場札所[f]第八番に[g]なったのは、[h]だいぶん[i]後の[j]こと。（徳永隆平『塔のある寺』）

この文も、読んですっきりしない。

(1)①「[a]道明上人が入定して[b]四一年後」と「[c]神亀四年になり」という、二つの連用修飾語によって修飾されるのは、(イ)「[e]誕生し」と、(ロ)「[f]（第八番に）[g]なった」との二つであるように思われる。②のみならず、「[e]誕生し」もまた、「[g]なった」を修飾する連用修飾語のように思われる。「誕生し[e]（テ）→（第八番に[f]）なった[g]」と。というのも、これらを含めた語群に助詞「の・は[h]」が加わって、題目語を形成しているかのようにみえるからである。

(2)ところが、そのあとに「だいぶん[i]後のこと[j]」という叙述が続くから、おかしくなる。

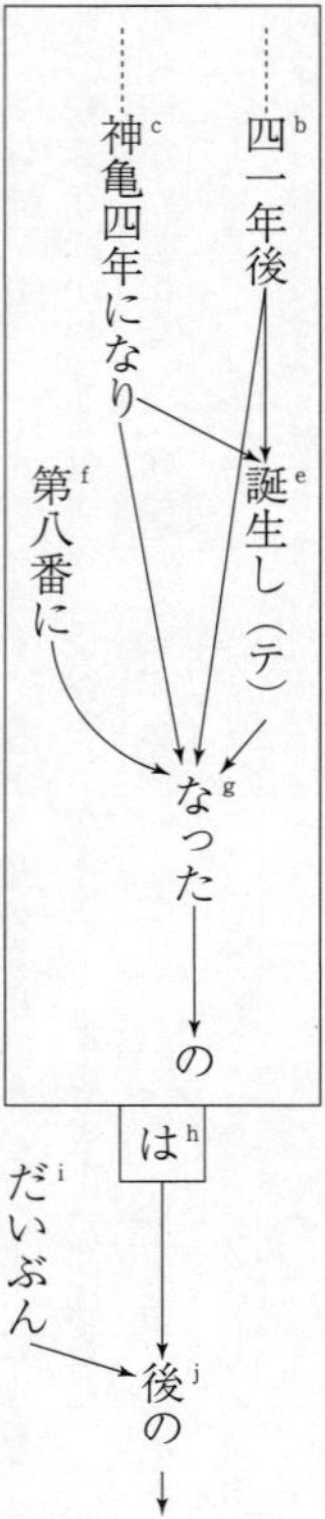

それに、「だいぶん[i]後のこと[j]」とは、いつから数えて「だいぶん後のこと」なのか。

(3)そこでわたくしは、もしかしたらわたくしの読みちがいでないかと疑い、調べてみた。

①西国観音霊場三十三ヵ所は「平安時代中期にはじまった」（小学館版『日本百科大辞典』）。

②神亀四年は、いうまでもなく奈良時代。③すると、(イ)「神亀四年に[c]→（〝長谷寺〟が）誕生し[e]た」、(ロ)「第八番に[f]なった[g]のは[h]→（神亀四年よりも）だいぶん[i]後のこと[j]」、ということになる。

(4)わたくしの読みちがいであった。しかし、作者の意図どおり読むことが、この文においてできるか。少なくとも、二つのテーマをいっしょくたにしない方がよい。テーマが二つあるなら、文も二つに分けた方がよい。その方が親切である。

『[1]道明上人が入定してから、四一年後、聖武天皇の神亀四（七二七）年に、焼けた西ヶ丘の初瀬寺にかわり、東ヶ寺〝長谷寺〟が誕生した。[2]十一面観音を本尊として西国観音霊場札所第八番になったのは、さらにだいぶん後のこと。』

正確なイメージ

例*80*　[1]栗林を通りすぎると、[a]道端に[b]四対の地蔵があった。[2c]左側は庚申塔だ。
（辺見じゅん『呪われたシルクロード』）

「[b]四対の地蔵」というからには、地蔵が八体あるのだろう。「[a]道端に」ということは、道の両側に四体ずつある、ということか。それにしても、「[c]左側は庚申塔だ」とはどういうことか。片側四個の地蔵のそれぞれの、向かって左側に庚申塔がある、ということか。とすると、①石造物は十個ある、②そのうち庚申塔は向かい合っていない――ことになる。どこか表現が狂っているのでないか。

さいわいにも、原著に「道端の地蔵」と題した写真が載っている。道路に面し、三体の地蔵と、その向かって左に庚申塔（らしいもの）が一つ、計四個の石造物がある（右図）。

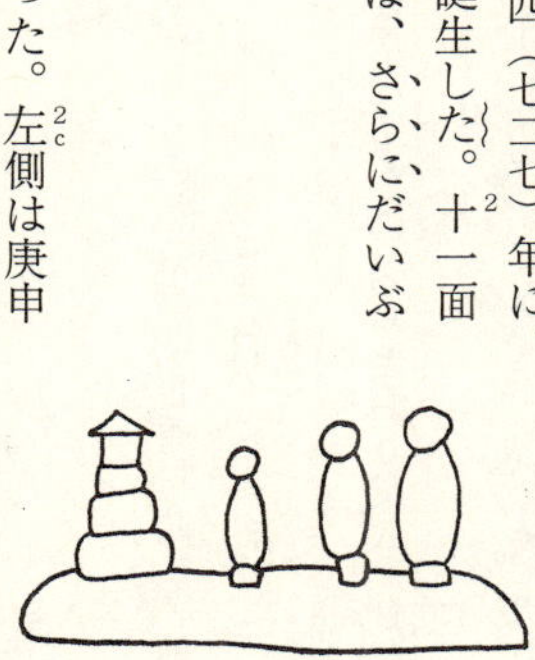

道路の反対側にも四個あるのだろうか。いずれにしても、大分話がちがう。もしかしたら、この作者は、①四個のことを四対と書きちがえたのかもしれないし、②庚申塔も地蔵菩薩もいっしょくたにして「地蔵」とよんだのかもしれない。そうであれば、まことに無責任と言わざるをえない。写真が載っていることがせめてもの救いであった。

『栗林を通りすぎると、道端に三体の地蔵と一つの庚申塔とが並んでいた。』

あるいは――

『[1]……（略）……道の両側に三体ずつ分かれて、六地蔵があった。[2]それらに並んで庚申塔が一つずつ。』

どちらが正しいのか、現地に行って確かめる暇がないので分からない。

例*81*　[1]明日香村畑から見る大和三山

[2a]左から畝火山　[b]右前方は耳成山　手前が香久山　中央左寄りの集落は明日香村岡　[c]右前方が同飛鳥　（岸哲男『飛鳥古京』）

これは、掲載された写真の説明である。写真は、概要次ページの図のとおり（A・Bなどの符号は、千早が入れた）。さて――

(1)「[a]左から畝火山」と言いながら、たちまち「[b]右前方は……」と言う。これでは、初めの「左から」が生きてこない。「左から甲、乙、丙……」というのが、ふつうの言い方である。

(2)「右[b]前方」の「前方」とは、どういうことか。手前のことかと思ったら、遠方のことであった（耳成山＝B）。

(3)ところが、飛鳥集落（＝E）も「右[c]前方」とある。なにの「前方」か。

写真や絵のような平面の上で場所を示すには、①座標を使うのがよい。「上方・左」あるいは「遠景・中央」というように。も一つ、②既知のものを基準にして方向を示す方法。「その右手前」というように。

『[1]……（略）……。遠方[2]左に畝火山、同右に耳成山。耳成山の手前が香久山。中央[2]左寄りの集落は明日香村岡、同右寄りに同村飛鳥。』

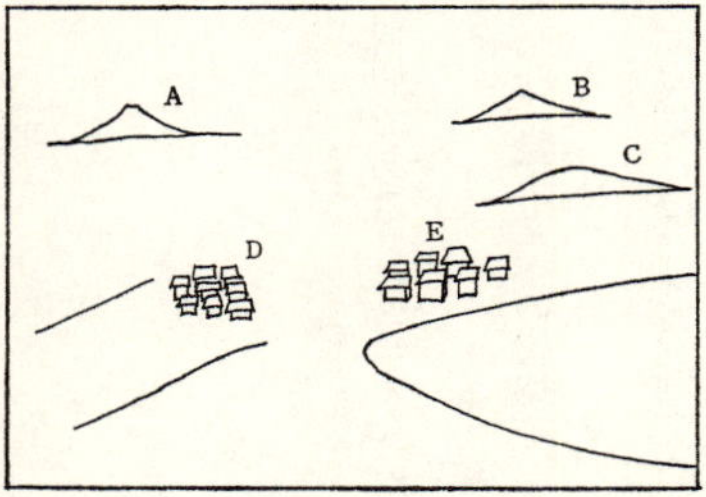

15、曖昧な表現

否定か肯定か

イエスかノーか、というようなことがはっきりしない文章も、親切であるとは言えない。

例*82*　彼女は私のように[a]昆虫が好きで[b]はない[c]。（石井象二郎『昆虫学への招待』）

「私」は、昆虫が大好きなのである。だから昆虫学者になった。そのことは、この例文の前に書いてある文を読めば分かる。だからといって、読者が抵抗なしにこの例文を読むことができる、というわけにはいかない。

「彼女は、私のように[a]昆虫が好きでは[b]ない。[c]」というとき、「私のように[a]」によって修飾されるものは、①「好きで（ダ）[b]」とも言えるし、②「ない[c]」とも言える。どちらを修飾するかによって、まるで反対の意味になる。

『彼女は、私とちがい昆虫が好きではない。』

このように改めれば、そういう誤解を受ける余地はないだろう。あるいは、限定の助詞

「は」を使ってもよい。

『彼女は、私のようには昆虫が好きでない。』

ただし、後の場合は、「私ほど好きではないが、嫌いとも言いきれない」というニュアンスもある。はっきり「好きでない」のなら、前者の方がよい。

もし彼女も昆虫が好きなら、次のようにすればよい。

「彼女も、私同様昆虫が好きである。」

「とちがい」や「同様」は、次に否定の語が来るか肯定の語が来るかを、明瞭に予知させる。読者は、安心して読み進むことができる。

例83　栄一が想像したの[a]とちがい、一橋慶喜は因循などではなかった。

（城山三郎『雄気堂々』）

ここには誤解を与える余地がない。「[a]とちがい」という語が生きているからである。

例84　しかし、長田は、[a]いつもの長田のように、[b]食いつくような眼つきで、[c]図型化した、気団の前線構造図とその説明文は[d]読まないで、ざっとその頁に眼をとおしただけで本を閉じて、大井の机から去ろうとした。

（新田次郎『偽りの快晴』）

『しかし、長田は、いつもの長田とちがい、食いつくような眼つきで気団の前線構造図とその説明文とを読むこともなく、ざっとそのページに眼をとおしただけで本を閉じ、大井の机から去ろうとした。』

右のように改めたら、どうであろうか。原文と変わったところは、次のとおり。

(1)[a]「いつもの長田のように」は、「いつもの長田とちがい」に改めた。
(2)[b]「食いつくような眼つきで」のあとの読点をとった。
(3)[c]「図型化した」は、過剰な表現だから削除した。
(4)[d]「読まないで」は「読むこともなく」に改めた。

例*85* これに対し、朝日新聞社は、週刊朝日については、事実に相違し、表現上も穏当を欠くものがあり、また本紙夕刊については誤りがあるので、[a]遺憾の意を表明した。

(〝朝日新聞〟社告)

[a]「遺憾」とは、「のこりおしいこと。残念。気の毒。」(『広辞苑』)ということである。

新聞や週刊誌に誤った記事を載せたことについて、残念に思う、ということなのだろう。

裁判に関する記事を書いて、事実に反する、と最高裁判所から抗議を受けた。誤報を認めながら「お詫びします」ということを言わないのは、新聞社としての見識か。

政治家や官僚は、「申しわけない」とか「すみません」とかはけっして言わない。かわりに「遺憾に思います」と言う。たとえば、自分の部下が汚職という破廉恥な罪で捕えられたときでも、その他行政上の事故を起こしたときでも、「まことに遺憾に存じます」としか言わない。とりようによっては、「部下にこんなのがいて、自分の経歴に傷がつく。残念だ。」あるいは、「自分の在任中にこんな事件が発覚して、残念だ。」と言っているみたいである。「お詫びします」とか「申しわけない」とかいうことは、沽券にかかわる、というのであろう。

この公告をした新聞社は、官僚のやりくちを逆用したのであろうか。

先かあとか

例*86* 彼は、眼鏡[a]と米[b]とを交換したおかげ[c]で、よく[d]眼前の兵[e]たちや立木[f]に衝突[g]し、倒れるのである。（佐藤鉄章『召集兵』）

召集兵であった「彼」が、交換によって手放したのは眼鏡であり、手に入れたのは米であった。ということは、「……に衝突[g]し」という表現によって察しがつく。が、かならずしも親切な文であるとは言えない。「[a]眼鏡[b]と米とを」を「眼鏡を米と」と改めればよい。あるいは、もっと丁寧に「掛けていた眼鏡を米と」とすればよい。

『彼は、掛けていた眼鏡を米と交換したおかげで、よく眼前の兵や立木に衝突し、倒れるのである。』

「[c]おかげで」のあとに悪い結果がくることは、ふつうはない。だが、この場合、一種のからかいをあらわすものとして許されようか。わたくしなら、『……（略）……眼鏡を米と交換したために』と書く。

例*87*　これら[1]（＝蒙古軍）の各軍団を実質的に指揮していたのは、関東軍所属の張北特務機関長の田中久少佐であり、[2]昭和十一年七月に[a]田中久機関長が[b]田中隆吉機関長と交替すると同時に傅作義軍に対する蒙古軍の総攻撃が開始されて、いわゆる綏遠《すいえん》侵入作戦の幕が切っておとされたのであった。

（中島辰次郎『馬賊一代』）

(1)「[a]田中久」と「[b]田中隆吉」と、どちらが前任でどちらが後任か。別の文献（今井武夫著『昭和の謀略』）によって、田中隆吉が後任であることが分かった。そうと知って読めば、この文も、そのようにとれないこともない。だが、そうと知らなければ、ちょっと判断に苦しむだろう。

(2)それに文が長すぎる。前半〔1〕と後半〔2〕と、両者をまとめて一文にしなければならない理由は、毛頭ない。

『当初[1]これらの各軍団を実質的に指揮していたのは、関東軍所属の張北特務機関長・田中久少佐であった。昭和[2]十一年七月に、田中久にかわって田中隆吉が機関長に就くと同時に、傅作義軍に対する蒙古軍の総攻撃が開始され、いわゆる綏遠侵入作戦の幕が切っておとされたのである。』

おまえはだれか

代名詞は、いうまでもなく、①先行する体言、ないしは②先に叙述された事柄（「……のこと」）――の代りをなす。いわば本人の代理人である。その本人がだれであるか分からない、というのでは、読者が困惑する。

例*88*　酒造[1]メーカーは全国で三六〇〇社もある。銘柄[2]は[a]五〇〇〇～六〇〇〇もある。灘[3]が[b]全国の二七パーセントを占めている。[4c]このうち中小メーカーの数が多い。

（大門一樹『原価の秘密』）

「この」[c]という指示代名詞は、①全国の酒造メーカーを指すのか、②灘の酒造メーカーを指すのか。ふつうは、その指示代名詞にもっとも近い、先行の体言を代表する。したがって、例文の場合、②が正解かと思われる。ところが、わたくしの記憶によると、灘の酒造業者には大手の酒造メーカーが多く、中小メーカーは少ない。もし①が正解であるなら、代名詞を使わないで、「全国の酒造メーカーのうち」というように明確に示した方がよい。これが第一。

　もうひとつ不明瞭な点がある。「全[b]国の二七パーセント」というのは、①メーカー数の二七パーセントをいうのか、②銘柄数の二七パーセントをいうのか。もし②であるならば、分母が「五[a]〇〇〇〜六〇〇〇」と幅があるのに、答が「二七パーセント」と幅がない、という不自然さがめだつ。ゆえに②ということはありえない、という推理が成り立つのか。このような推理が成り立つには、作者の叙述が論理的であるという前提がなければならない。ところが、すでにみたように、この作者の叙述がそれほど論理的であるとは思われない。とすれば、この場合①である、とも言いきれないではないか。これが第二。

　わたくしは別の文献を調べてみた。灘の酒造業者は約二五〇、工場数は約三二〇（小学館、昭三九『日本百科大事典』）。これでは、いずれにしても全国の一〇パーセントにも足りない。さらに別の文献（新人物往来社『日本の郷土産業』）によると、灘における昭和四八年度の造石高（酒の生産量）は全国の二五パーセントを占めている。それならば、「二七パーセント」とは造石高のことであったのか（二五パーセントと二七パーセントとの違いは、調査時点あるいは調査方法の違いによるものであろう)。かくて、なんの前触れもなしに造石高に関する数字があらわれてきた。戸惑わないのがおかしいくらいである。

『[1]酒造メーカーは、全国で三六〇〇社。[2]銘柄は五〇〇〇~六〇〇〇もある。[3]多くは中小メーカーである。[4]灘に大手が集まり、全国の造石高の二七パーセントがここで生産されている。』

①第3文と第4文と入れかえてみた。②「[c]このうち」は、除いた。③灘には大手が集まっている、ということを明示した。

例*89* 〔1〕松沢病院での医院生活を二年送った後に私はドイツへ留学したのだが、[a]〔2〕[b]この間、最も印象深いのは、大正十二年九月一日の関東大震災の折りのことである。

(内村祐之「私の履歴書」〝日本経済新聞〟所載)

「[b]この間」は、①松沢病院時代のことか、②ドイツ留学時代のことか。②のことと思いやすい。前半の〔1〕の部分でテーマがドイツ留学の時代に移ったかにみえるからである。ところが、もっと前の文に、「私が松沢病院の医員になったのは大正十二年の五月……」とある。両者読み合わせ、計算して、なるほど松沢病院時代のことであったか、と納得する。

『[1]松沢病院での医院生活を二年送った後に、私はドイツへ留学した。[2]松沢病院時代のできごとでもっとも印象深いのは、大正十二年九月一日の関東大震災の折りのことである。』

接続の助詞「が[a]」を廃して、二個の文に分けた。

例90　[1]仁徳陵古墳の墳丘全長は[a]四八六メートルある。[2][b]これを[c]二三センチで割ると[d]二一一三になる[e]が、[f]これは中国の後漢《ごかん》（A·D二五―二二〇）のころに使用されていた一尺の長さにあたる。

（田辺昭三『古墳の謎』）

第2文のはじめの「[b]これ」は、墳丘の全長、すなわち「[a]四八六メートル」を指す。このことは、明らかである。だが、あとの「[f]これ」はなにを指すのか。①「[a]四八六メートル」のことか、②「[d]二一一三」のことか。どちらにしてもおかしい。③「[c]二三センチ」のことである、と気がつくまでに時間がかかるであろう。

『[1]……（中略）……。[2]これを二三センチで割ると二一一三となり、割りきれる。[3]二三センチは、中国で後漢のころ使用されていた一尺の長さにあたる。』

読者に誤解を与えるかもしれないときは、このように、代名詞を使わないで、同じ体言を繰り返した方がよい。読者に不必要な負担をかけるかもしれないときも、同様である。

ほかに、①「二一一三となり、割りきれる」とした。大切なのは、「二一一三となる」

ことでなく、二三センチで「割りきれる」ことであるからである。また、②接続の助詞「が[e]」を廃して、第2文をさらに二個の文に分けた。

例*91*

今宵こそ君を[a](注) 抱きしめんと
岩かげに寄れば[b] ピリカが笑う
（森繁久弥「知床旅情」）

（注）全音楽譜出版社『歌謡曲のすべて歌詞集』による。同社『全音歌謡曲集』では、「君を今宵こそ」となっている。

おかしな歌である。この歌のはじめに、「飲んで騒いで丘にのぼれば」という文句がある。このような騒々しさがどうして「旅情」と関係があるのか、わたくしには分からない。

愁ひつつ丘にのぼれば花茨　（蕪村）

蕪村の名句と比べるまでもない。それにしても、この雑然たるイメージはひどすぎる。このような猥雑な「旅情」のあとに、例文を挙げた文句がでてくる。この「君[a]」というのがだれだか分からない。①「飲んで騒い」だおおぜいのうちのひとりなのか、②それとも「[b]ピリカ（アイヌの美女のこと?）」なのか。

すなおに読めば、①であるように思われる。そうだとすれば、この場面には、多分愛し合う――あるいは片思いかもしれないが――二人がおり、そこに「[b]ピリカが」邪魔者としてあらわれるのである。いわば漫画的風景である。

それならば、②か。とすれば、「[b]ピリカが笑う」でなく「ピリカは笑う」でなければならない。「ピリカ」を既知のもの（=「[a]君」）として扱うためには、これを題目語にしなければならない。それにしても、夜の岩かげにピリカを抱きしめようと迫っていったら、当のピリカがニヤリと笑った、というのでは、うす気味のわるい話でないか。

数字を大切に

例*92* 十一月の[a]二十日も[b]なかば過ぎたある日、矢山は鈴木教授から、大阪へいって朝日新聞の文化部長鈴木文史朗氏に会う気はないか、といわれた。

（松原一枝『お前よ美しくあれと声がする』）

「[a]二十日も[b]なかば過ぎた」とは、どういうことか。①「十一月の二十日ごろ」と、「月のなかばを過ぎたころ」とをゴッタまぜにしたのだろうか。あるいは、②「十一月も下旬のなかば過ぎ」のことなのだろうか。

『十一月の二十日ごろ、矢山は鈴木教授から、大阪へいって朝日新聞の文化部長・鈴木文史朗氏に会う気はないか、といわれた。』

あるいは――

『十一月も下旬をなかば過ぎたある日、……（略）……。』

例93　齢[a]五十もなかばをすぎていた孝徳天皇はあわれであった。

（上田正昭『日本の女帝』）

〝人生五十年〟という言葉がある。「齢[a]五十もなかばをすぎた」ということは、①五十年の人生の半分、つまり二十五歳をすぎた、ということか。そんなことではないようだ。「日本史年表」によれば、孝徳天皇は、五十歳で即位し、五十九歳で崩御した。したがって、二十歳代で「天皇」であったはずがない。

それとも、②満五十歳六ヵ月をすぎた、ということか。だが、その頃わが国では年齢を満で数える習慣はなかった。あるいは、③数え年の五十歳を六ヵ月すぎた、ということか。だが、数え年というものは、年とともに改まるものであって、何歳と何ヵ月という数え方をしない。したがって、何歳のうちの半分――六ヵ月――をすぎた、ということは言わない。

そうすると、ここにいう「齢[a]五十もなかばをすぎ」ということは、「五十代もなかばをすぎ」ということであったか。と言ってしまってはしらじらしい。この種の誤用は、ある種の作家にとって日常茶飯のこととなっている。「代」というたった一字をなぜサボらねばならないのか。

例*94*　「菊名地区」の調査には、桔梗、栗田、中井という〈春[a]夏秋冬グループ〉と、佐[b]々以下横浜支局二名の〈東[c]京日報グループ〉と、合[d]計六名の連合軍で、事件の全貌をつかむのにまる五日間もかかったのだ。
（梶山季之『夢の超特急』）

計算が合わない。「〈春[a]夏秋冬グループ〉」は三名、「〈東[c]京日報グループ〉」は二名、それがどうして「合[d]計六名」になるのか。

「佐[b]々以下……二名」というのは、「佐々を含めて……二名」ということでなければならない。この例文の前にある文を読み返してみて、佐々が「東京日報」本社の勤務であり、したがって「横浜支局」員ではないことに気づいた。佐々のほかに、横浜支局員二名で、〈東京日報グループ〉計三名、ということらしい。それならば、書き改めねばならない。

『「菊名地区」の調査には、桔梗・栗田・中井という〈春夏秋冬グループ〉と、横浜支局員二名に佐々が加わった〈東京日報グループ〉と、合計六名の連合軍であたり、事件の全貌をつかむのにまる五日間もかかった。』

例*95*　[1]近江の国、今でいう滋賀《しが》県は、[a]全面積の二十五パーセントが[b]琵琶湖《びわこ》という変わった成り立ちをもっている。[2]それにこの琵琶湖は、[c]世界一古い[d]バイカル湖やタンガニーカ湖（アフリカ）につぐもので、その成立は、およそ二百万年前であるといわれている。

（邦光史郎『幻の近江京』）

(1)「[a]全面積の二十五パーセントが[b]琵琶湖」だから変わっているのではない。「二十五パーセントが湖」だ、ということが変わっているのである。普通名詞「湖」を使うべきである。

(2)「[c]世界一古い[d]バイカル湖」があるのなら、「世界で二番目に古いバイカル湖」もあることになる。「世界一」と言いたいのなら、普通名詞「湖」で受けるべきである。もっとも、この場合「世界一」は、使わなくてもすむ。

『[1]近江の国、今の滋賀県は、全面積の二五パーセントが湖であるという点で、他に例をみない。[2]その湖——琵琶湖——は、バイカル湖やタンガニーカ湖に次いで古く、およそ二百万年前にできた、といわれる。』

16、表現の過不足

〝馬から落ちて落馬して〟

例*96*　窯場は、[a]静山の住居から、[b]徒歩でわずか[c]十四、五メートルの所にあった。

（邦光史郎『炎の旅路』）

徒歩で行こうが、自転車で行こうが、十四、五メートルは、十四、五メートルである。「徒歩で何分」ならわかる。それとこれとを混同したのであろうか。この場合、「[b]徒歩で」は、あきらかに無用な表現である。

『窯場は、静山の住居からわずか十四、五メートルの所にあった。』

「馬から落ちて落馬して」というような、無駄な表現は、滑稽であるのみならず、読者を疲れさせる。「親切」とはほど遠い。

法律文にも、無駄な表現は少なくない。

例*97*　車両等は、[1]〔1〕〔2〕[a]横断歩道に[b]接近する場合には、〔3〕当該[c]横断歩道を通過する際に当該[d]横断歩道によりその進路の前方を[e]横断しようとする[f]歩行者がないことが明らかな場合を[g]除き、〔4〕[h]当該横断歩道の直前（道路標識等[i]による停止線が設けられているときは、その停止線の直前。以下この項において同じ。）で停止することができるような[j]速度で[k]進行しなければならない。[2]この場合において、[l]横断歩道によりその進路の前方を[m]横断し、[n]又は[o]横断しようとする[p]歩行者があるときは、[q]当該横断歩道の直前で一時停止し、かつ、その通行を妨げないようにしなければならない。

（「道路交通法」第三十八条第一項）

第1文は、一六〇字に近い長文である。この文がなにを言いたいのかは、文末の「……のような[j]速度で[k]進行しなければならない」までたどりつかねば分からない。第1文の主旨は、要するに、「横断歩道を渡ろうとする人がいるとき、車は、その手前でスピードを落とせ」ということでないか。そのことをひどく迂遠に、クドクドと述べている。

第2文にしても、けっして短くない。それに、第1文・第2文を通じ、同じような表現が重ねて使われている。

詳しくみてみよう。

(1)第1文の〔2〕の部分、「[a]横断歩道に[b]接近する場合には」とは、まことにリアルな描写であり、まるで高速度撮影の映画をみるようである。この大時代で滑稽でさえある描写は、なくてすむ。

(2)〔3〕の部分は、「……を除き[g]」にいたって、はじめて連用修飾語——従属句——であることが分かる。読者は、裏切られたという感を強くする。この部分は、あとに回して、結論を先に述べた方がよい。

(3)〔4〕の部分。カッコ内の文句が長くて、読みにくい。ここはむしろ、カッコ内とカッコ外と逆にした方がよい。「停止線の直前で（停止線のない場合は、横断歩道の手前で）停止する……」と。その方がより実践的でもある。歩行者の安全のためには、まず停止線でとまることを運転者に認識させた方がよいのだから。

(4)第1文に「[d]横断歩道によりその進路の前方を[e]横断しようとする[f]歩行者」という表現があり、第2文に「[l]横断歩道によりその進路の前方を[m]横断し、[n]又は[o]横断しようとする[p]歩行者」という表現がある。傍線部分を除けば、両者まったく同じである。なぜ第1文には、第2文の傍線部分に相当する語がないのか。第2文の「[m]横断し」は、あと(8)で触れるように「げんに渡りつつある」ということであるらしい。げんに歩道を渡りつつある人がいる場合、自動車は高速度で飛ばしていいのか。おそろしいことである。第1文にも、第2文の傍線部分に相当する語を加えるべきでないか。

(5)右(4)で述べた部分が第1文・第2文同じであるとすれば、あるいは同じであるべきだとすれば、どちらかを省略することができないか。

(6)「横断歩道」という語が、第1文に四個(a・c・d・h)、第2文に二個(l・q)計六個もある。整理できないか。

(7)「横断歩道[d]により……横断[e]」する、とは、聞きなれない言葉である。まるで日本語を知らない中学生による翻訳のごとく。「横断歩道を渡る」で十分でないか。

(8)「横断し[m]、又は[n]横断し[o]ようとする」とは、どういうことか。奇妙な表現である。素直に読めば、次のように分析されるだろう。

(A)
横断し[m]
〈又は[n]〉　→　よう　と→する　→　歩行者[p]
横断し[o]

だが、これでは、同語反復になって、意味をなさない。それならば、次のように読むのか。

(B)
横断し[m]（＝横断スル）
〈又は[n]〉　→　歩行者[p]
横断し[o]よう　と→する

左右不均衡で、これもおかしいが、ほかに読みようがない。

この部分(注)は、たとえば「渡ろうとしている者、またはげんに渡りつつある者」などとすればよい。

（注）道路交通法には、ほかにもこの種の表現が多い（第三十一条、第三十二条など）。

この条文は、たとえてみれば、平坦な公道が塞がれたため、やむをえずまわり道をして悪路に車輪をとられ、難渋している車に似ている。悪いことに、すべての読者が悪路を通ることを強いられている。

思い切って、第1文と第2文と順序を変えてみよう。

『[1]走行する〝車両等〟は、前方の横断歩道を①渡ろうとしている者、または②げんに渡っている者――のあるとき、道路標識等によって表示された停止線の直前で（停止線のないときは、横断歩道の手前で。以下この項において同じ）一時停止し、歩行者の通行を妨げないようにすること。また、[2]右①②の歩行者がいないことが明らかである場合を除き、停止線の直前で停止できるような速度で進行すること。』

「……のこと」という表現をこのように使うことを、現代の法律は好まないようである。むかしは触れ書などによく用いた。この親しみのある語を、なぜいまは使わないのか。

なお、「横断歩道の直前」は、「横断歩道の手前」に改めた。「直前」にとめるなんてことができるのだろうか。「直前」という言葉は、たとえば一センチとか一ミリとかの距離を想像させる。不可能で、大いに危険で、かつ、歩行者に恐怖心を与える結果にもなるようなことをさせてはならない。「手前」にとめるのなら、困難でもないし、危険でもない。

舌っ足らずの表現

過剰な表現は、無用であるだけでなく、有害でさえある。とはいっても、表現の不足もまた読者に迷惑をかけることが多い。

例*98*　さて[a]伊勢丹では[b]先般の[c]決算において[d]当初の[e]成績を納める[f]見通しがつきました

（伊勢丹「特別招待状」）

「[a]伊勢丹」は百貨店の名前。その百貨店から「特別招待状」なるものが届いた。だが、意味が分からないところがある。

その一。「[d]当初の[e]成績」とはなにか。

「当初」とは、なにの初めなのか。期初、すなわち「[b]先般の[c]決算」の対象となった営業期間の期初をいうのであろうか。「[d]当初の[e]成績」とは、期初に見込んだとおりの成績、という意味であるのだろうか。そのように考えないと、この文の空白部分は埋まらない。

その二。「[b]先般の[c]決算」というから、決算がすんだのかと思ったのに、「[f]見通しがつきました」と書いてある。ではまだ決算がすんでないのでないか。この辺の事情が明瞭でない。これも推測するしか仕方がない。「前営業期間が終わって、いま決算の作業をしている。だが、期初に見込んだぐらいの成績を納めることは確実である。」と、こんなところであろうか。そこで、この招待状の日付をみた。「昭和四五年六月吉日」となっている。そして、このデパートの決算期は、『会社四季報』によれば、五月と十一月とであった。すると、五月期の決算事務を目下執り行なっているのであろう、と推定した。

　書き直してみよう。句読点も入れる。

『さて、伊勢丹では、五月期の決算においても、期初に予想したとおりの成績をおさめたもようです。』

　それにしても、期初にどのような予想がなされたのか、われわれは聞かされていない。それを「予想したとおり」と言われても、一向に納得できないではないか。ここは、『前期を上回る成績をおさめた模様です』とするか（本当にそうであるならばだが）、あるいは、単純に、『順調な成績をおさめました』と言い切るかしてもいいのでないだろうか。

　いうまでもなく、舌ったらずと省略とはちがう。省略できないものをあえて書かないのは、作者の怠慢であり、読者に対する不親切である。

例*99*　この方法（＝オーバー・ラップ）は、左グリップで人指し指と中指とでできたミゾに、[a]右手の小指をあてがうか、もしくは[b]人指し指の関節に[c]ひっかけて握る方法です。

（柴田敏郎『10日間でゴルフのコツを覚える方法』）

「人指し指の関節に」なにを「ひっかけ」るのだろう。ゴルフの技術を教える書物である。その技術がさっぱり分からないから困る。すでにゴルフをやってる人なら分かるであろう。だが、この本は、ゴルフの入門書である。しろうとに分からない本ではしようがない。

『この方法は、①左グリップで人指し指と中指との間にできたミゾに、右手の小指をあてがうか、もしくは②左グリップの人指し指の関節に右手の小指をひっかけるかして握る方法です。』

こういうことなのだろう。それならば、共通項である「右手の小指を」を外へ出せばよい。

『この方法は、右手の小指を、①左グリップで人指し指と中指との間にできたミゾにあてがうか、もしくは、②左人指し指にひっかけるかして握る方法です。』

「……あてがうか……ひっかけるかして」としたのは、並列の関係をあきらかにするためである。

例100

〝違法駐車〟
レッカー移動
築地警察署長
（掲示）

違法駐車したレッカーが、やがてどこかへ移動してゆく。そうとしか読めない。
「違法駐車をしたならば、レッカーにより移動させるぞ」と、ほんとうはこういう意味なのだろう。

だが、「レッカー移動」に①「レッカーで」という意味を持たせることも、②「移動させる」という意味を持たせることも、むりである。

なるほど「移動」には、㋑「移りうごくこと」という自動詞的な意味のほかに、㋺「移しうごかすこと」という他動詞的な意味もある（『岩波国語辞典』。ただし、『広辞苑』では、㋺の意味を認めていない）。げんに、「道路交通法」には「……警察署長は……当該車両を移動することができる」（第五十一条第三項）、という使い方をしている（「移動させる……」という用法の方が一般的である、とわたくしは考えるが）。

「レッカー移動」という言葉は、右の法文を受けたものであろう。それにしても、「レッカーで移し動かすぞ」という意味をこれに持たせるのは、言葉をねじ曲げて不具にするにひとしい。それに、法律を犯し、通行人に迷惑をかけているもの、いわば犯罪者に、「移動する」とか「移動させる」とかいう、遠慮気味な言葉をなぜ使わねばならないのか。わたくしは疑問に思う。「撤去」とか「撤収」とかいう言葉を使えばよい。それならば、あえて「レッカーで」とことわる必要もない。

『〝違法駐車〟の車は撤去します。』

築地警察署長』

もっとも、現在の道路交通法は、この種の犯罪者に対しひどく寛容で、「撤去」などという言葉を使うのを好まないようである。それならば、次のように丁重に表現しよう。

『〝違法駐車〟の車は、レッカーで移動させます。

築地警察署長』

17、文と人間

やさしい言葉で

例*101*　[1]そして今、[a]われわれは、[b]未解放部落からの、鋭利な、[c]重量さのある[d]叫びを[e]わがものとしなければならない。[2][f]〈世界〉を[g]刺殺する[h]立脚点を[i]定位せしめねばならない。

（早大部落問題研究会・ビラ）

感情がむきだしになっている。そのため、かえって作者の意図が伝わってこない。すなわち――

(1)「[b]未解放部落からの……[d]叫びを[e]わがものと」する、とは、どういうことか。「わがものと」する、とは、まるで奪いとることを意味しているようである。

(2)「[c]重量さ」とはなにか。そんな日本語があるのか。

(3)「[f]世界」を〈　〉で包んだのは、「世界」に特別の意味を持たせたかったのであろうか。だが、さっぱりその意味が伝わってこない。ひどく独善的なイメージである。

(4)「〈世界〉[f]を刺殺する[g]」とは、どういうことか。

(5)「刺殺する[g]立脚点[h]」とは、どういうことか。「立脚点」とは、「事を行うについて、よりどころとする立場」（『広辞苑』）をいう。「〈世界〉を刺殺する」ためには、そのような立場が必要なのか。

(6)その「立脚点[h]を定位[i]せしめ」る、とはどういうことか。「定位」とは、「体の位置または姿勢を一定にとること」（『広辞苑』）。作者は、もしかしたら「定位」の意味をとりちがえているのでないか。

(7)「われわれ[a]」という代名詞の意味するところも、漠然としている。もっとも、この文の作者にとって、そんなことはどうでもよいことなのだろう。

この文の作者にしても、新鮮な、気の利いた文章を作ろうと考えたのだろう。そのために、わざわざむつかしそうな語を、わけもわからずに使ったのだろう。だが、センスのある、気の利いた表現をするのに、なにもむつかしい言葉を使う必要はない。

例*102* 彼女[1]〔=田村俊子[2]〕は皮膚の白さだけは、依然としてきわだっていて、背すじも曲ってはいない。だが、期限[a]の切れた定期券みたいになった自分自身に、腹を立てているにちがいない。

（武田泰淳『上海の螢』）

田村俊子が上海へやってきた。「とりわけ都会風な化粧と服装で、年老いた自分自身を忘れようと努めている」のだが、年下の男たちは近づいて来ない。だから、かの女は、時代から取り残されたような自分に腹を立てている。[a]「期限の切れた定期券みたい」という直喩は、言い得て妙である。

もちろん、比喩も安易に使うと鼻持ちならぬものになる。たとえば次の例。

例*103*　酸欠地帯の[a]メッカ東京で、……〔略〕……　（〝読売新聞〟記事）

[a]「メッカ」とは、いうまでもなく、マホメットの生地である。アラビアにあるこの聖地を、毎年多くの回教徒の巡礼が訪れる。『広辞苑』には、「②転じて、帰依・崇拝している人達の心の向かう所」とも書いてある。

ところで、「酸欠」とは、「酸素欠乏」のこと。地下の工事現場などで、酸素欠乏のため人が突然の死に襲われることがある。忌むべきこと、悲しむべきことである。そういうことを社会として防止できないのは、恥ずかしいことでさえある。このようなことが頻発した東京を聖地[a]「メッカ」に喩えた記者の頭脳は、どうなっているのか。

むかし、「結核のメッカ清瀬」と書かれた記事を読んだことがある。東京の郊外の「清瀬」には、結核療養所が集まっていた。そのころ結核で療養していたわたくしは、この言葉を憎んだ。

文章は、人の〝心と心と〟をつなぐ「かけ橋」である。「かけ橋」をつくるために、作者は言葉を選ぶ。まさにそれでなければならない、という語を選ぶことが、本当の文章を書くことである。

だれのための法律文か

法律文もまた、読者のためのものでなければならない。次の例はどうか。

例 *104* [a]一時所得とは、[b]利子所得、[c]配当所得、[d]不動産所得、[e]事業所得、[f]給与所得、[g]退職所得、[h]山林所得及び[i]譲渡所得[j]以外の[k]所得のうち、[l]営利を目的とする[m]継続的行為から生じた所得[n]以外の[o]一時の所得で[p]労務その他の役務又は[q]資産の譲渡の対価としての性質を[r]有しないものをいう。

（「所得税法」第三十四条第一項）

この文によれば、「[a]一時所得」とは、次の条件を備えたものでなければならない。

(A)「[b]利子所得……[i]譲渡所得」[j]以外の[k]所得のうち

(B)「[l]営利を目的とする[m]継続的行為から生じた所得」[n]以外の[o]一時の所得で

(C)「[p]労務その他の役務又は[q]資産の譲渡の対価としての性質」を[r]有しないもの

具体的には、①(A)の条件をみたしたもののなかで、②(B)の条件を持つものを抽出し、そこからまた、③(C)の条件を持つものを選び出す——という操作が必要である。しかも、各ステップにおいて、否定ないしマイナスをあらわす語——「以外」が二つ、「ない」が一つ——が含まれている。というわけで、われわれはいくつかの減算を試みねばならない。次ページの図と照らし合わせながら、以下の文を読んでいただきたい。

(1)まず(A)。「利子[b]所得……譲渡[i]所得以外[j]の所得」とは、すべての所得（U）から、「利子[b]所得……譲渡[i]所得」をさしひいたものである。その答をRとする。

U（すべての所得）−（b+c+d+e+f+g+h+i）＝R

(2)次に(B)。右のRのうちの「営[l]利を目的とする継[m]続的行為から生じた所得」（S）以外の所得。答はT。

R−S（営利を目的とする継続的行為から生じた所得）＝T

(3)ところが、Tのなかの「一時の所得」という条件がある。ゆえに「一時の所得」（V）を抽出する。ということは、Tから非Vを捨象することでもある。非Vとはなにか。「一時の所得」に対応するものは、「継続的行為から生じた所得」である。「継続的行為から生じた所得」のうち、「営利を目的とする継続的行為から生じた所得」（S）は、すでに(2)において減算した。すると、「継続的行為から生じた所得」のうちまだ残っているのは、「営利を目的としない（＝その他の）継続的行為から生じた所得」（W）である。ゆえに、

TからWをさしひく。答は、もちろんVである。

T－W（＝非V）＝V

(4)次に(C)。Vのうちで「労《p》務その他の役務又は資《q》産の譲渡の対価としての性質」を有しないもの。ゆえにpとqとを減算する。

V－〔p（労務その他の役務の対価）＋q（資産譲渡の対価）〕＝a

このaがこの例文でいう「一《a》時所得」である。

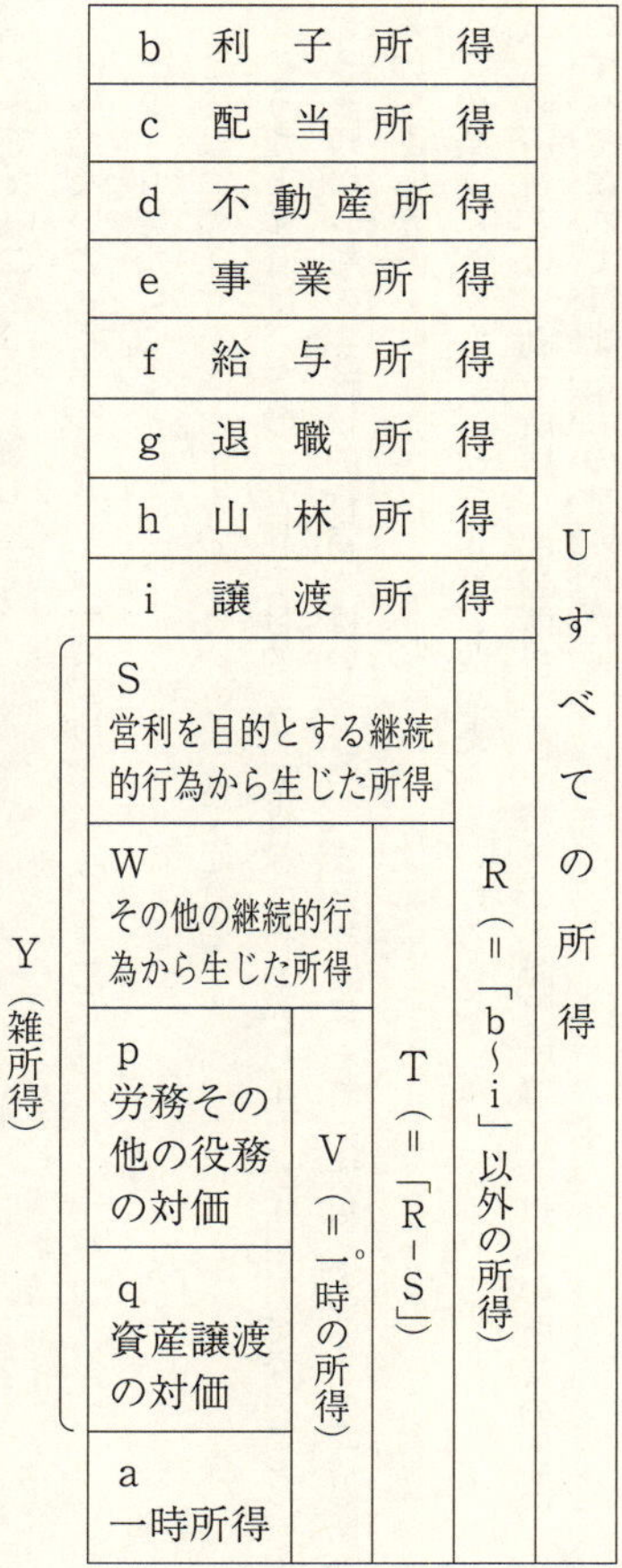

われわれは、条文にしたがい、煩瑣な減算を行なってきた。この図をみると、もっと簡

単に表現できることがわかる。つまり、Rのうち、

(1)Sでないこと、

(2)Wでないこと——つまりV（一時の所得）であること、

(3)p・qでないこと。

この三つの条件を満たすもの、という表現で足りる。

そうだとすれば、Sの「[l]営利を目的とする[m]継続的行為から生じた所得（でないこと）」という表現のうちの「継続的行為」はいらない。まとめて「一時の所得であること」と断わるのであるから。

この条文は、だから、次のように改めたらよいだろう。

『一時所得とは、利子所得、配当所得……（略）……譲渡所得——以外の所得のうち、次のすべてにあてはまるものをいう。

(1)営利を目的とする行為から生じた所得でないこと。

(2)労務その他の役務の対価、資産譲渡の対価の、いずれでもないこと。

(3)一時の所得であること。』

「……譲渡所得——以外」と「——」を入れたのは、「以外」がiだけでなく、「b〜i」のすべてにかかることを、より明らかにするため、である。また、(2)で「(p・qの)いずれでもない」としたのは、原文の「p又はqの性質を有しない」では、あまり論理的で

ないからである。

右に示した「次のすべてにあてはまるものをいう。(1)……。(2)……。(3)……。」という表現は、多くの税法解説書がとっている。つまり、この方が分かりやすいからであろう。この例に限らず、法律文には丁重かつ精緻なものが少なくない。そのために、かえって表現をまわりくどいものにし、基本を見失わせる結果になりやすい。かくて、多くの庶民は、たとえば①道路交通法を守ろうとせず、②税法を理解しようとしない。そのような結果に陥らせているのでないか。

敬語の合理性

敬語は無用か。そんなことはない。いま、日本語から敬語を除くことはできない。それならば、敬語を合理的に使うことを考えた方がよい。

例*105*　[1a]毎年、[b]春と秋の二回、生存者叙勲の該当者氏名が[c]新聞に発表される。[2d]ことしも大勲位旭日章を茅誠司さんが[e]頂いた。[3f]お目出たいことであり誠に[g]御同慶に[h]堪えない。

（国語問題協議会『崩れゆく日本語』）

「[e]頂いた」は、「もらった」の謙譲語である。だから、茅さんご自身が「頂いた」と言われ、あるいは茅さんの奥さんが「茅が頂いた」と言われるのならいい。ところが、第三者がこういう表現を使うことは、茅さんに対したいへん失礼である。

ついでに言えば――

(1)①「[a]毎年、[b]春と秋の二回」叙勲が行なわれるのに対し、なぜ「[d]ことしも」なのか。「ことし」は、春も秋も関係ないのか。それに、②例年「[c]新聞に発表される」のに対し、ことしはなぜ「[e]頂いた」なのか。これでも分からないことはないが、第1文と第2文と対応させた方が分かりやすい。

(2)「[g]御同慶に[h]堪えない」という言い方は、不自然である。「同慶」とは、「ともどもにめでたくよろこばしいこと」(『広辞苑』)。「堪える」とは「こらえること」(同)。ゆえに、「同慶」とは、本来「堪える」ものではない。「堪える」ことがなければ、「堪えない」ということもありえない。「悲しみに堪えない」ということはある。「喜びのきわみ」、「同慶のいたり」というべきであろう。また、「いたり」と言うのだから「誠に」という修飾語も除こう。

(3)「お[f]目出たい」は、あて字であって、正しい表記ではない。

[1]『毎年、春と秋との二回、生存者の叙勲が行なわれる。[2]この春は、茅誠司さんが大勲位旭日章を貰われた。[3]おめでたいことであり、同慶のいたりである。』

「御同慶」の「御」も除いた。

テレビの「司会者」が、番組への参加者に、「あちらへ行って商品を頂いて下さい」という。人をばかにしているのかと思ったら、そういうつもりでもないらしい。要するに、無知なのである。自分の勤めている店を「お店」という女の子のごとく。テレビには、こういうまちがいが少なくない。いくつかその例を挙げてみる。

(A)「お心弱いことを申されますな。」(ドラマ)〜『……おおせられますな。』

(B)「お名前はなんと申されますか。」(クイズ番組の解答者)〜『……おっしゃいますか。』

(C)「殿がまいられました。」(ドラマ)〜『……おいであそばしました。』

(D)「池の端文化センターは、安心してお委せできる結婚式場です。」(コマーシャル)〜『……お委せいただける……』

「頂く」「申す」「まいる」「伺う」「お委せする」「お待ちする」「(物を)あげる」などは、謙譲語である。「賜わる」「おっしゃる」「いらっしゃる」「お待ちです」「下さる」などは、尊敬語である。これらの謙譲語や尊敬語は、あたかもヨーロッパ語における動詞の格変化と同じような役目を果たす。なんと便利な言葉ではないか。わざわざ誤用することはない。ドラマで、若い女が初対面の人に「あんた、だれ?」と言う。なぜ、「どなた?」と言わないのか。若い男が先輩に対し、「おれがやります」などと言う。なぜ、「わたくしが」と言わないのか。このような、泥くさい、ヤクザの使うような言葉を、作者や演出家や役者が日常使っているとしても、誠実で心やさしい国民に押しつけるべきでない。

敬語は、とりわけ深く「人間」にかかわるものである。しゃべることを業とするものが敬語でさえ正しく使えなくなった、ということは、かれらが「人間」から遠ざかったことを暗示しているのでないだろうか。

例*106*
[1]本日書留を配達にまいりましたが、[a]不在でしたので、当局に保管してあります。[2]○月○日までに、当局の窓口にお出で下さるか、配達月日を指定されるかしてお受け取り下さい。
(保土ヶ谷郵便局(注)「不在配達通知書」)

(注) 本省か本局で印刷されたものらしい。「保土ヶ谷」という文字だけが書き加えられている。

この文は、わりあいに気を使っているようにみえる。

それなのに、「[a]不在でしたので」とは、不用意な表現である。もちろん「ご不在」でなければならない。だが「ご不在」という表現も堅い。「お留守」という、りっぱな日本語があるではないか。それに、「ご不在でした」にしても、「お留守でした」にしても、どうしてそんなことが断定できるのか。配達人は、家の中にまで上がりこんで、家人の「不在」を確認するのか。げんに、わたくしの家では老人が寝ていて、ブザーの音に起き上がって玄関まで行ったら、すでに配達人はいないで、かわりに右の「不在配達通知書」が郵便受けにはいっていた。

『本[1]日書留を配達しに伺いましたところ、お留守のようでしたから、持ち帰りました。当[2]局に保管してありますから、直接窓口においでくださるか、配達日を指定されるかして、○月○日までにお受けとりください。』

なお、この書面（葉書）の表題は、「不在配達通知書」となっている。この語は、人を喰っている。

(1)「不在」は、相手の行動であり、「配達」は自分の行動である。この二つの語を合成して「不在配達」とするのは、不自然である。

(2)配達しない通知を「配達通知」というのは、矛盾している。

(3)もちろん、相手の行動に「不在」と書いて、敬語を使っていないのは、礼を失している。

例*107*　日[1]本国天皇はフランス国務大臣アンドレ・マルローを勲一等に叙し旭日大綬章を贈与する

昭[2]和三十四年六月九日皇居において親《みずか》ら名を署し璽を捺[a]させる

裕仁［璽］

昭和三十四年六月九日

内閣総理大臣　岸信介㊞
内閣総理大臣官房賞勲部長　吉田威雄㊞
（勲記）

天皇の名において勲章が贈られたことを、総理大臣（および賞勲部長）がマルローに伝達している（とわたくしは考えた）。この文の「捺[a]させる」の意味が分からない。「せる」は使役の助動詞。総理大臣（たち）が「天皇にハンコを押させた」ということでは、まさかないだろう。

金達寿《キムタルス》も、別の「勲記」について、〝「璽をおさせる」とはどういうことか、私はいまもってこれはよくわからない〟と書いている（『日本の中の朝鮮文化』Ⅳ）。

ここは、たとえば『璽を捺された』または『璽をお押しになりました』と、尊敬語を使うべきであろう。あるいは、この場合むしろ、尊敬語を使わない方がいいのかもしれない。外国人マルローに対し、天皇はいわばうちわの人だからである。だが、すくなくとも使役の助動詞を使うべきではない。

ここまで考えて、わたくしはまだ釈然としなかった。こんな初歩的なミスが長いあいだどうして訂正されなかったか、と。そこで、昔の「勲記」を調べる気になった。

戦前の「勲記」は、次のとおりであった。

〝天佑[1]ヲ保有シ万世一系ノ帝祚ヲ践《ふ》メル大日本帝国天皇ハ……（略）……ヲ授与ス……[2]

（略）……宮城ニ於テ璽ヲ鈐セシム〟

この冒頭の文は、「宣戦布告」の詔書に似ている。それで分かった。「大日本帝国天皇ハ」は、一人称であった。「鈐」は「ケン」（漢音）または「ゲン」（呉音）。「印をおすこと」である。戦前は、たしか宮内大臣が「玉璽」を保管していた。その宮内大臣に天皇が「璽をおさせた」というのである。

戦後の「勲記」は、戦前のそれの翻訳であるのだろう。だが、わたくしも金達寿も誤読した（金達寿の日本語の読解力は、平均的日本人よりもずっと高い）。それは、第1文があたかも第三者（総理大臣）の言葉であるかのようによそよそしいからである。口語文で書くのなら、主語はむしろ省いた方がよい。たとえば『貴下を勲一等に叙し、旭日大綬章を贈ります。』と。そして、第2文は、むしろない方がよい。

Ⅲ

18、文章のリズム

リズムとはなにか

この書物のはじめ（20ページ）にわたくしは、文章論に工学の原理を応用したい、と書いた。その原理の要約は、次のとおりであった。

(1)ネジはつねに右回し。だから安心して使える。——文も、約束を守らないと混乱する。
(2)各工程のあいだは、短いほどよい。——係る語と係られる語との間は、短いほどよい。
(3)ガスの栓はしめよ。——述語でしめくくれ。
(4)能率的な工程を考えよ。——文や句の順序を変えてみよ。
(5)パイプは色で区別せよ。——どの語がどの語に係るか、明示せよ。
(6)バスの行き先を明示せよ。——結論を先に。
(7)異質なものの接着は危険。——無意味な接続は避けよ。
(8)バランスを欠いた建築は不安定。——とくに並列する語句は、バランスを欠くと分かりにくい。
(9)合流点が曖昧だと、船は航行を誤る。——並列する語句の合流点を明白に。

(10)バスがカーブするとき、予告が必要。——文章にも、否定か肯定かの予告を。
(11)コンピューターは、「プラスかマイナスか」を基礎とする。——文章でも、つねに二者択一の決意をせよ。読点を打つか打たないかなど。
(12)工学には「あそび」も必要。——文章にも、ときに遊びがあった方がよい。

わたくしは、この稿を進めるのに、つねに右の工学の理論を踏まえるように努めてきた。(12)については、「遊びの工学」と名づけよう。「遊び」も必要な工学理論の一つである。たとえば比喩——シミリ（直喩）とかメタフォア（暗喩）とか——のようなレトリック。その他の気の利いた表現もそうである。だが、手垢にまみれたレトリック、イメージの貧困な表現は、むしろ逆の作用をなす。建築における木組の「遊び」が隙間の多いガタガタのものになった場合のごとく。

文章における「遊び」は、多くの場合「感化の働き」に役だつ。「感化の働き」が機能することにより、よりよく「伝達の働き」も機能することになるだろう。

リズムもまた、その意味で、文章における「遊び」の一つといえようか。リズムのある文章は、リズムのない文章よりも、ずっと読みやすい。

例*108* 『作[1]文と[2]教育』去年の十月号に、滑川道夫が「紀南の大雨」という短い文章を書いている。そのなかで、彼は紀州田辺で彼のぶつかった大変な雨ふりについて書いている。
[3a]それはほんとにひどい降りざまで、彼としては過去に全く経験のないものだった。[4b]それは、「雨という観念をこわすようなすさまじいものであった。」[5]大体、雨が[c]ふるといった状況でない。[6d]雨がふるというときには、雨の「粒」がふる。[7]雨が「線」になって降ってくる。[8]しかしこのときのは、雨の「粒」だの、雨の「線」だのというものではもうなかった。[9]「もはや雨の面というものであった。」[10]その「雨の面」が、「天から」、連続して落ちてくる。[11]そこで彼は、「いったいどう修飾したら、この大雨を表現することができるだろうかと思いめぐらしてみた。」[12]よく「しのつく雨」といったりする。[13]「車軸を流す」ようなともいったりする。[14]「どしゃぶり」はむろんある。[15]しかしそのどれもがぴったりこない。

（中野重治『日本語　実用の面』）

中野重治の文章にしても、中野が引用した滑川道夫の文章にしても、ひとつもむつかしい言葉を使っていない。にもかかわらず、たとえば、滑川道夫の「[9]もはや雨の面というものであった」という表現は、すぐれて美しい。雨の激しさをこれほど的確に表現したものを、わたくしは知らない。
「しのつく雨」とか、「車軸を流す」ようなとかいうような、安易なメタフォアでは表現できない、と滑川は考えた。「いったいどう修飾したら、この大雨を表現することができるだろうか」と反省する。「雨の面」という言葉がそこででてくる。これは創造である。おそらくは、苦悩のなかからの創造であったであろう。

滑川道夫の文章を紹介した、中野重治の文章も、簡潔で美しい。中野の文章は、①むだな言葉を使っていない、②すべて短文から成っている、③文章全体にリズム感がある――という点で特徴的である。

中野重治の若いときの詩に、「浪」という作品がある。

人も犬もゐなくて浪だけがある
浪は白浪でたえまなく崩れてゐる
浪は走ってきてだまって崩れてゐる
浪は再び走ってきてだまって崩れてゐる
人も犬もゐない
浪の崩れるところには不断に風がおこる
風は磯の香をふくんでしぶきに濡れてゐる
浪は朝からくづれてゐる
夕がたになってまだ崩れてゐる
浪はこの磯にくづれてゐる

……〔略〕……

中野重治の文章のリズムの原型がここにある。

先の例文（「例*108*」）について考えてみよう。各文の文末を抽出する。

「[1]……書いて㋑いる。[2]……書いて㋑いる。[3]……も㋺のだった。[4]……も㋺のであった。[5]……状況でない。[6]……「粒」が㋩ふる。[7]……降って㋩くる。[8]……も㋥うなかった。[9]……ものであ㋥った。[10]……落ちてくる。[11]……めぐらしてみた。[12]……㋭いったりする。[13]……㋭いったりする。[14]……むろんある。[15]……ぴったりこない。」

㋑と㋑、㋺と㋺、というように、各文の文末が繰り返されている。これが一種の脚韻(注)をなし、その脚韻が文章全体のリズムを生んでいる。

（注）脚韻とは、「韻」――rhyme（英）・rime（仏）・Reim（独）――の一種で、「頭韻」に対するもの。たとえば、マザー・グースの詩（訳・梅村久門）。

Little Nancy Etticoat　かわいいナンシイ・エティコート
In a white petticoat　着てるは白いペティコート
……〔略〕……

このEtticoatとpetticoatとは、同じひびき（韻）を持っている。各行の終わりで韻を踏んでいるので、脚韻という。脚韻は、ヨーロッパ語や中国語の定型詩の法則の一つをなしている。

日本語の詩には、韻を踏むという明白な法則がない。だが、たくまずして生まれた頭韻——たとえば、「ひさかたの　ひかりのどけき……」——の例はあった。脚韻も、例がないわけではない。たとえば、「おお、めずらし、はぶらし、とんがらし」（「言語生活」一九七五年一一月号）のように、庶民が語呂合わせとして愛好した種類のものもある。中野重治の「浪」には、脚韻も頭韻もある。

もちろん、脚韻だけがリズムの要素であるわけではない。リズムを形づくるものには、たとえば次のようなものがある。

(1)韻。一つはいま述べた脚韻。もう一つは頭韻。頭韻の例を「例*108*」で言えば、「それ[a]は……」と「それ[b]は……」など。

(2)その他の繰り返し。たとえば、同じく「例*108*」の「雨[c]がふるといった」につづいて「雨[d]がふるという」という繰り返し。「c・d」のような繰り返しは、へたに代名詞を使って文意を混乱させたりしないためにも、すぐれた方法である。

(3)拍子《ビート》。私は、日本語の拍子は二音一単位を基準にしている、と考える。二音（もしくは「二音＋半拍分の休止」）を一拍として、二拍とか三拍とかの繰り返しがリズム感を生む。

「例*108*」から一例を挙げる。第3文の冒頭。

それは○）ほんとに）ひどい○）ふりざま）で○●）

）は一拍。○は半拍分の休止、●は一拍分の休止。かくてこの句は、二拍の繰り返しであることがあきらかである。(注)

(注)　日本語の拍とリズムとについては、かつて「俳句における『定型』とはなにか」（「海程」一九七一年八・九月合併号）、「歌謡のリズム」（同一九七四年四月号）において私見を述べたことがある。

(4)調べ。調べは、拍子《ビート》のまとまりからなる。ビートは呼吸《ブレス》と深い関わりがある。定型詩にはあきらかな調べがある。いわゆる七・五調や五・七調など。自由詩にもある。散文にもないわけではない。中野重治の文などは、その好例である。

(5)これら韻や拍子などの微妙な変化。微妙な変化が単調さを救い、生きたリズムを作り、文章全体にメリハリや陰影を与える。

(6)文や句のしまり。しまりのない文にリズムが生まれるはずがない。

(7)文章の内容の密度の高さ。内容が稀薄であったり、論理がいい加減であったりすれば、リズム感が内部からつき崩されるであろう。

(8)作者の精神の高さ。以上すべての基本である。作者の精神のはりが内面のリズムを形成する。内面のリズムが外面のリズムと一致しなくては、真のリズムは生まれない。

リズムを支えるもの

次の文にもリズムはある。しかし、この文は、読者をいらいらさせるだろう。

例*109*　省線三宮駅構内浜側の、[a]化粧タイル剝《は》げ落ち[b]コンクリートむき出しの[c]柱に、背中まるめて[d]もたれかかり、[e]床に尻をつき、両脚まっすぐ[f]投げ出して、さんざん陽《ひ》に[g]灼《や》かれ、一月近く[h]体を洗わぬのに、清太の瘦《や》せこけた[i]頰の色は青白く[j]沈んでいて、[k]夜になれば昂ぶる心のおごりか、山賊の如く[l]かがり火焚き声高に[m]ののしる男のシルエットを[n]ながめ、朝には[o]何事もなかったように[p]学校へ向かうカーキ色に白い風呂敷包みは神戸一中ランドセル背負ったは市立中学、県一親和松蔭山手ともんぺ姿ながら上はセーラー服のその襟《えり》の形を[q]見分け、そしてひっきりなしにかたわら通り過ぎる脚の群れの、気づかねばよしふと異臭に[r]眼をおとした者は、あわててとび跳《は》ね、清太をさける、[s]清太には[t]眼と鼻の便所へ[u]這いずる力も、すでになかった。

（野坂昭如『火垂るの墓』）

この文には、口説きのような、長屋のオカミサンのぐちのような、ドロドロしたリズムがある。そのリズムから立ちのぼる雰囲気はある。一種の魅力もないではない。だが、論理はひどく不透明である。

(1)題目語の混乱。題目語らしいものが三つもある。①「頬[i]の色は」、②「眼[r]をおとした者は」、③「清[s]太には」、と。主題が移動するので、読んでいて不安定である。

(2)主格の混乱。たとえば――①「も[d]たれかかり」「(尻を)つ[e]き」「投[f]げ出して」の主格は「頬の色」でなくて、「清太」なのだろう。「清太は」とか「清太が」とかいう主語がなくて、いきなり「頬[i]の色は」という題目語（兼主語？）が出てくるから、混乱を招く。②「灼《や》[g]かれ」の主格は、「清太」なのか「頬の色」なのか。③「見[q]分け」の主格はなにか。

(3)係り・係られの関係の混乱。たとえば――①「投[f]げ出して」という語句はなにに係るのか。②「体[h]を洗わぬのに↓（頬の色は青白く）沈[j]んで」ということは、どういうことか。③「夜[k]になれば昂ぶる心のおごりか」は、「火[l]焚き……の[m]のしる」に係るのか、「な[n]がめ」に係るのか、即座には判断しかねる。

(4)並列する語句のバランスの悪さ。たとえば――

化[a]粧タイル剝げ落ち×｝の↓柱[c]
コ[b]ンクリートむき出し｝

(5)舌っ足らずの表現。例。①「カ[t]ーキ色に白い風呂敷包み」、②「気づかねばよしふと異臭に眼[r]をおとした者」、③「眼と鼻の便所」――など。

(6)句読点の打ち方のいい加減さ。

こういった無秩序な語法から、こころよいリズム感は生まれない。

右の例とは対蹠《たいせき》的な例を挙げる。埴谷雄高の『死霊』から。「わが国初の形而上小説」といわれ、日本の文学のなかでももっとも難解といわれる作品の部分であるにもかかわらず、右の例文「例*109*」に比べると、はるかに理解できる。少なくとも、理路整然としていて混乱がない。言葉使いにも気を配っている。なによりも精神の高貴さがある。内面のリズムがあり、それが文章全体の調子を高めている。

例*110*　何処[1]からか時を敲《う》つ響きが聞えてきた。三輪与志[2]はその場にちょっと立ち止った。霧[3]はさらに深く拡がり、遙か天空へまで漂いのぼるような一面の乳白色の霧[a]であった。それ[4]は果てもない乳白色の壁[b]であった。湿気[5]をふくんだ小さな乳白色の粒子[c]が絶えまもなく湧き起り、そして、揺れ動いている霧の層であった。霧[6][d]……。その[7]びっしりとたれ罩《こ》めた厚い霧のなかにあらゆるものがその形もなくのみこまれていた。

（埴谷雄高『死霊』）

「幻の四章」と言われた、その第四章の冒頭である。ここには深く沈潜したリズムがある。

第一に脚韻。各文末がそれを形成している。とりわけ、[3]「……あった。」[4]「……あった。」[5]「……あった。」と。

第二に、イメージの繰り返しとその発展と。たとえば、①[a]「乳白色の霧」[b]「乳白色の壁」[c]「乳白色の粒子」と、同じ「乳白色」という語を使いながら、イメージを発展させてゆく。そしてまた、②「霧」という語が、右の例文のなかで五回でてくる。にもかかわらずくどさを感じさせないのは、イメージが転換し、発展してゆくからである。

第三。短い文から次第に長い文になってゆく。まるで波紋が次第に輪を拡げてゆくごとく。

あたかも、交響曲が、たとえば第一バイオリンのソロから始まり、次第に他の弦楽器を加え、さらに管楽器を加え、主旋律《テーマ》を繰り返しつつ荘重さを増す、そしてテーマを次第に転換させ、発展させてゆく、といった状態に、これは似ている（第6文[d]「霧……。」はさしあたり打楽器であるか）。

次の例文も、派手なところはないが、こころよいリズムがある。

例*111*　[1]春か秋の天候のいい頃に、もし数日間の閑があったら、阿藤伯海先生のお墓に詣でに、岡山県浅口郡の鴨方町《かもがたちょう》六条院村まで出かけて行きたいと、ずいぶん前からときたま思いながら、東京における生活が忙しいままに、私はそのささやかな旅行を、まだ果すことができないでいる。[2a]自分自身とそっと交している、小さいけれど、取消す気持になれない約束である。[3]生きて行くうえで、[b]そのような秘密の約束はいろいろとあるものだろう。

[4c]そのお墓参りをするとき、私はほかにしたいことが[d]二つほどある。[5e]一つは、六条院村の閑静な場所に立っているという、先生の祖先伝来の旧宅を訪れることである。[6]先生の生前にそこを尋ねる機会が、私にはとうとうなかったので、そのことがなんとなく心残りになっている。[7]その心残りのなかには、先生の漢詩の作品の舞台にときどきなっている、邸宅や庭園や近所の野や丘などを、一度眼にしてみたいという興味も含まれているだろう。

[8f]お墓参りをするとき、私がほかにしたいということの[g]もう一つは、隣の小田郡の矢掛《やかげ》町東三成《ちょうひがしみなり》まで足をのばして、そこに立っているという詩碑を眺めることである。[9]その詩碑は、阿藤先生の絶筆となった五言排律の漢詩「右相吉備公館址作」が、先生の拡大された書体のままに刻まれている、丈高い御影石である。（清岡卓行『詩礼伝家』）

この文章は、叙述が明晰であって、読者を戸惑わせるところがまったくない。句読点の打ち方も完璧である。読者は、句読点にしたがって呼吸《ブレス》しながら読めばよい。そこにおのずからリズム感が生まれる。つまり、①基本的に文章の構造がしっかりしており、②その構造を明示するために、明確に句読点が打ってある。この二つがリズムを生むのに大きな役目を持っている。これがため、第1文なんかは、かなり長い文であるにもかかわらず、けっして読みにくくはない。したがって、文の長さを感じさせない。これが特徴の第一。

　第二は、第4文でまず結論を言っていること。「[4c]そのお墓参りをするとき、私は[d]ほかにしたいことが二つある。」これがそうである。読者は、安心して読み進むことができる。

　第三は、①第4文で「[c]そのお墓参りをするとき」といい、第8文で「[f]お墓参りをするとき」という繰り返し。②第5文で「[e]一つは」といい、第8文で「[g]もう一つは」という繰り返し。これらの繰り返し《リフレイン》が、第4文以下の文章に、波の大きなうねりのようなリズムを与えている。「[e]一つは」「[g]もう一つは」という表現は、一種の箇条書きである。小説でも箇条書きは、可能なのである。

　第四は、表現の美しさ。たとえば、「[a]自分自身とそっと交している、小さいけれど、取消す気持になれない約束」「[b]そのような秘密の約束」という表現。その約束の中で「[d]ほかにしたい」二つのことが、大きなうねりとともに紹介される。美しいうねりである。ここには、詩人の天稟のかがやきがある。

ふたたび〝短いことはいいことだ〟

例*112*　「あら、……〔略〕……」

底意地の悪い[a]云い方をすると、[b]大介は、

「これだから……〔略〕……」

不機嫌に[c]なりかけると、[d]相子は宥めるように、

「今日は……〔略〕……」

しみじみとした語調で[e]云うと、

「うむ……〔略〕……」

機嫌を直して満足そうに[f]云った時、廊下に華やいだ[g]声が[h]し、

「お父さま……〔略〕……」

二子と三子を先頭に、[i]寧子、早苗たちが[j]入って来た。（山崎豊子『華麗なる一族』）

会話の部分の大部分を省略した。ほんとうは、もっとだらけた文章である。主語と述語とを抽出してみると、次のとおりである。

（相子が）→[a]云い方をする　と

[b]大介は　→[c]なりかける　と

相子は[d]　↓云う[e]　と
(大介が)　↓云った[f]　時
声が[g]　↓し[h]
寧子、[i]早苗たちが↓入って来た[j]

しまりのない、無神経な文章である、と言わねばならない。

次の文と比較すると、そのことはより明白になるだろう。

例113　僕は井戸端を探していた。[1]料理場で人の気配がする。[2]そこをのぞいた。[3]そこには、[4]夕べからこのホテルで見た人の誰でもない、別の中年の下働らきの女が炊事仕事をしていた。[5]土間の真中で煙っている七輪、その榾火《ほたび》のけぶたいにおいに僕は北の国への郷愁をわき起されていた。
「お早よう、おばさん。水はどこで汲みますか」[6]
「お早よございました。風呂場んとは出っとじゃなかでしょうか」。[7]
「風呂場ってどこですか」[8]
「そこに見えとっとですよ」[9]
ひどく愛憎《ママ》のない返事で、仕事をし乍《なが》ら向うを向いたままだ。[10]僕は足もとに来た鶏をけちらす真似をして、風呂場に行ってみた。[11]

（島尾敏雄『単独旅行者』）

第1・第2・第3文、いずれも一〇字前後の短文である。第4・第5文にしても、明晰で歯切れがいい。最初に「井戸端を探す」という目的ないし結論。気配があり、のぞく。下働きの女を発見する。そして榾火に対するリリシズム。
次に会話文。だれの言葉であるかいっさい説明がない。にもかかわらず、しゃべったのがだれであるかは明白である。この会話の中で、水が風呂場にしかないことが紹介される。たくまずして、作者は、伝えねばならないことを端的に伝える。読者の理性だけでなく、感性の中にまで。

例114　[1]広瀬（久重、日銀理事）が死んでしまった。[2]本当に惜しいことをした。[3]モスクワでの日航機墜落を報じた朝のテレビで、広瀬が生存していることを聞いたときには、「よかった！　よかった！」とつぶやきつつ、涙がポロポロおちるのをとめようがなかった。[4]それもぬか喜びとなってしまった。
[5]広瀬とは戦前戦後の有沢ゼミナールで同期であった。[6]僕より一年下だが、せくような独特の話しぶりで、非常にシャープな議論を展開したのをよく記憶している。[7]とても人情に厚い、仲間から好かれる人間だった。

（向坂正男「有沢ゼミの仲間」）

〝日本経済新聞〟に「交遊抄」というコラムがある。これに、いろいろな「名士」が「友人」について書いている。なかには、①ただ友人の名を羅列したにすぎないもの、②型にはまった表現で、まるで個性のないもの、③文章の体をなさないもの――も少なくない。だが、ときにはすぐれた文章で読者の心を打つものもある。向坂正男の文章はその一例である。

この文章には、急迫したリズムがある。一つは、親しい友人を失ったことによる精神のたかまりによるだろう。しかし、当然のことながら、興奮だけで文章が書けるはずがない。真に文章を書くということは、すべてを一度つきはなして、冷静に眺め、これを自分の選んだ言葉によって構成してゆくことである。向坂正男の文章は、表現のうえでは抑制しながら、精神のはりを失っていない。むしろ、感情が理性によってますますとぎすまされている、と言ってよい。

向坂正男の文章に限らず、リズム感があるものの例としてわたくしが掲げた文章は、「例*111*」の第1文を除けば、ことごとく短文であった。もちろん長文でも、リズム感のある、すぐれた文がないわけではない。だが、どちらかといえば、日本語文の特質からみて、やはり短文の方をとらざるをえない。短いことは、いいことなのである。

19、機能的なものこそ美しい

“機能的なものこそ美しい”

第一次大戦後ドイツに起こった芸術運動「バウハウス」(注)の、もっとも顕著なテーマのひとつは、「機能的なものこそ美しい」ということであった。スプーンは、装飾のゆえに美しいのでなく、ものをすくって口に入れるという機能を十分に果たす形であってこそ美しい。あたかも、水鳥が水を切って進む軽快な形であるがゆえに美しいがごとく。

(注) バウハウス Bauhaus　建築家ワルター・グロピウスを校長として発足した、デザイン学校。ナチの圧迫によって閉鎖になるまで、カンジンスキー、クレー、ル・コルビュジェなどが参加し、絵画・彫刻・建築などに関する近代理念を確立させるのに大きな役割を果たした。

この考えは、ミケランジェロが人間の脚に、「人間」としての美しさを発見したことと通じ合う。人類は、立って歩くようになって、はじめて「人間」になった。脚で立つことにより、①手が自由になって道具が使えるようになり、②頭が体の重心に位置するようになって大脳の発達を促した。人間のもっとも人間らしい部分——人間としてのもっとも機能的な部分——は、脚である。そこに「人間」の美を発見したミケランジェロは、天才であった。
ミケランジェロのダビデは、一切の衣を捨て去り、美しい二本の脚で立ったし、バウハウスの芸術、たとえばル・コルビュジェの建築は、中世的な装飾をかなぐり捨てた。バウハウスの理念は、その後いくらかの修正を加えられつつ近代芸術のあらゆるジャンルに引き継がれた。それにしても、バウハウスが「機能的であることこそ美の基本である」ということを思いださせたことは重要である。
文章において最大の機能とは、もちろん①「伝達の働き」と、②「感化の働き」との二つである。そのうちでも、「理解」の基礎となるのは、「伝達の働き」でなければならない。そういうことは、この書物のはじめに述べた。

焼茶碗《やきちやわん》、今日相尋中候間、紹二ニ渡、尤《もつとも》候。拙子《せつし》の志《こころ》ざし計《ばかり》ニ候。一笑々々。かしく。

十六日　宗易（花押）(注)

（注）この文および次の古田織部の文は、いずれも桑田忠親著『古田織部』から引用した。

これは、古織公、すなわち古田織部にあてた、千利休（宗易）の手紙である。現代文になおせば、「楽焼茶碗、今日探しだしましたので、紹二（＝利休の養子）に託します。当然のことです。私の寸志です。お笑い下さい。かしく」といったところであろうか。

この文章は、もちろん詩でも小説でもない。手紙のなかでも、とりわけ事務的な文章である。その点からみても、この文章の持つ「伝達の働き」は、完璧である、と言ってよい。のみならず、その簡素で張りのあるリズムは、利休が作った茶杓の姿を思わせるほど、美的でもある。「藝術のための人生」（加藤周一）に自分を賭けたものの緊張がある。

前文もなければ、時候の挨拶もない。手紙のあて先は、利休の弟子であるとはいえ、格式の高い大名である。その大名にあてて、一切の装飾を捨てた、これほど簡潔な手紙を書いたことは、一驚に価する。

古織公の手紙にしても、同じように短く美しい。

此中無音、迷惑仕候。仍、来二日之昼、御茶上申度存候。入御可レ忝候。猶、奉レ期ニ後音節一候。恐惶謹言。

古田織部

重然（花押）

壬《うるう》四月廿八日

信門様

「このところ無音にうちすぎ、申しわけありません。ところで、来月二日の昼、お茶をさしあげたく存じます。おいで下されぱかたじけない。なお、細かいことは、後便で申しあげます。恐惶謹言。」と、これは織部が多分門跡《もんぜき》の一人であるだれかに宛てた、茶の湯の席への招待状である。ここにも虚飾はない。あたかもバウハウスのスプーンに装飾がないごとく。

利休の手紙にしても、織部の手紙にしても、単純明快なことこのうえない。型にはまったような時候の挨拶もなければ、なくもがなのお世辞もない。まわりくどい表現は一切ない。「機能的なものこそ美しい」というバウハウスの理念が正しいことを、すでに四百年も前に利休や織部が証明した。

法学部出身の三島由紀夫が、小説家になってからも、法律文の簡明な表現に美を感じる、と言ったことがある。なるほど文語文で書かれた刑法や旧民法の表現は、簡明率直であった。探美主義者であった三島由紀夫が、法律文のような、もっとも実用的な文章に惹かれたことは、興味深い。

わたくしは、この「文章論」を、なによりも「機能性」に重点を置いて進めてきた。「機能性」に重点を置かねばならない、ということは、文学の文章においても例外でない。「伝達の働き」がすべての文章の基本になければならないからである。

もちろん、「機能性」だけが芸術のすべてではない。あたかも、ル・コルビュジェの建築やミケランジェロの彫刻が、「機能性」だけで成り立っているわけがないのと同じように。

そしてまた、文章が真に「機能性」を発揮するには、「遊びの工学」——リズムやレトリック——が必要であることも実見してきた。

わたくしは、この稿を終わるにあたって、文学のなかでもとくに密度の高い「詩」について触れなければならない。

詩の言葉

詩歌の言葉は、文学のなかでもとりわけ「感化の働き」に徹している。詩歌は、感情のほとばしりでたものであるからである。

詩は感情の表出である。といっても、咆哮や怒号は詩ではない。なんとなれば、詩も言葉を——言葉だけを——素材としているからである。

言葉はロゴスである。「ロゴス」というギリシャ語は、「言葉」という意味とともに、「論理」という意味をもつ。言葉の秩序ある集合である文章には、当然のこと論理がある。文章の一つの形である詩にも論理があるのは当然である。

例115[a]

わたしが一番きれいだったとき

街々はがらがら崩れていって
[b]とんでもないところから
青空なんかが見えたりした

わたしが一番きれいだったとき
まわりの人達が沢山死んだ
工場で　海で　名もない島で
わたしは[c]おしゃれのきっかけを落してしまった

わたしが一番きれいだったとき
だれもやさしい贈物を捧げてはくれなかった
男たちは挙手の礼しか知らなくて
[d]きれいな眼差しだけを残し皆発《た》っていった

（茨木のり子「わたしが一番きれいだったとき」）

この詩のイメージは明快である。ここに挙げた三節に限らず、全編（八節）のどの節・どの文をとりあげてみても、論理の筋が通っている。係り・係られの関係もはっきりしている。あいまいな表現もない。
レトリックは単純にみえるが、思いがけない新鮮なイメージがある。[b]「とんでもないところから青空なんかが見えたりした」とか、[c]「おしゃれのきっかけを落してしまった」とか、[d]「きれいな眼差しだけを残し」とか。なによりも、[a]「わたしが一番きれいだったとき」という句で、自分のかけがえのない青春を捉えているのは、強い印象を与える。しかも、この句が、最後の節（第八節）を除く全節の各冒頭に、繰り返し《リフレイン》として掲げられ、力強いリズムを形成する。
「平和」という語を一つも使っていないのに、平和への願いが切々と伝わってくる。青春への哀惜の情とともに。

　詩のイメージには、一方で、日常性を拒否するものがある。たとえば、ギュヴィックの「護符」と題する詩の一節。

例 *116*

[a] のこぎりがゆく
[b] 森の中へ
[c] 森は分離される

[d]そして[e]叫んだのは
のこぎりである

（長谷川四郎訳詩集『海』より）

この詩には、日常性から断絶されたイメージがある。①のこぎりが歩いていったり、②木でなく、森が切断されたり、③叫んだのが、切られた方の森ではなくて、切った方ののこぎりであったり……。日常性を拒否したイメージの意外さ・新鮮さがこの詩の生命になっている。

日常性から離れた言葉なら、ほかにいくらでもある。「壁の花」でも「職場の花」でも「街のダニ」でも「台風の爪あと」でも、最初にだれかが使ったとき、少しは新鮮であっただろう。しかし、これらは、いまでは手垢にまみれてしまった。

ギュヴィックの詩が美しいことの大きな理由は、イメージが日常性を拒否し、しかもそのイメージが新鮮であることである。新鮮だから意外である。

そのうえ、長谷川四郎によるこの訳詩は、日本語の言葉としても美しい。言葉が美しいということは、言葉が簡明で、論理の筋が通っていることと無関係ではない。

この詩——ここに掲げた一節——は、三つの文からなる。

(A)[a]のこぎりが↓ゆく↑[b]森の中へ
(B)[c]森は↓分離される

(C)〈そして〉[d] 叫んだのは[e] ↓のこぎりである

(A)の部分の「森の中へ」[b]は、リズム感を出すために倒置法を使っているが、動詞「ゆく」に係ることは明らかである。(C)には、接続詞「そして」[d]が付いている。「森の中へ」と「そして」とを除けば、すべて主語と述語とだけからなる。一つ一つの語も、どれ一つむつかしいものはない。

つまり、この詩は、言葉が単に事実を写すだけでなく、日常性を拒絶したイメージを造型してゆくという、高度の技術を使っているのに、語も文の構造も、きわめて単純明快なのである。

もう一つの例を挙げる。戦後の荒地のなかで、死と生とを追求して深く人間の内部に降りていった、田村隆一の詩「立棺」から。

例 *117*

わたしの屍體を地に寝かすな
おまえたちの死は
地に休むことができない
わたしの屍體は
立棺のなかにおさめて

直立させよ

「わたしの屍體は　立棺のなかにおさめて　直立させよ」という句の造るイメージは、とりわけ鮮烈である。九〇行に近い力作の「立棺」にはじめて接したとき、なかでもこの語句が、あとに出てくる「わたしの屍體は　文明のなかに吊るして　腐らせよ」という語句とともに、荒涼としたわたくしの心を激しく撃ったことを思いだす。

（田村隆一「立棺」）

この詩——「立棺」——について、鮎川信夫は、書いている。

「彼の詩句の烈しい語調、せかれるような追撃的リズム、簡潔で鮮明なイメジ、観念のダイナミックな展開等は、いずれも彼が『死ぬことのできない世界』に立ち向う時の毅然たるたたかいの姿勢からうまれてくるのであり、単なるレトリックの産物ではないのです。」

（「恐怖への旅」）

「『死ぬことのできない世界』に立ち向う時の毅然たるたたかいの姿勢」からうまれた、ということを感じとれない人にとって、この詩の価値はないであろう。

この詩がどれだけの人によって深く理解されるか、わたくしは知らない。かつて詩人の飯島耕一は、「何万人の人に浅く理解されるよりも、たとえ十人にでもいいから深く理解されるのが望ましい」というようなことを言った。

美や真理は、ただちに多くの人によって理解されるとは限らない。だからといって、その文章の構造までがあいまいであっていい、ということはない。それとこれとは、まったく別なことである。

田村隆一の詩を真に理解することは、容易なことでない。だが、書かれている事実を理解することは、けっして困難でない。使われている語も個々の構文も、けっしてむつかしくない。ただ一つ、「立棺（たちかん）」という聞きなれない語がでてくる。おそらく田村隆一の造語であると思われるこの語にしても、前後の語句からその意味を知りイメージを結ぶことは容易である。

田村隆一の詩にしても、先にあげたギュヴィックの訳詩にしても、内容の深さ・次元の高さにもかかわらず、語や構文は単純明快である。茨木のり子の詩については、いうまでもない。あるいは、単純明快な語や構文を使って、次元の高い、内面的なリズム感に富んだ文章が書かれている、といってもよい。

われわれは、言葉という素材を使って文を紡ぎ、文章を織りあげる。その言葉は、原則として、すでに社会的に認められたもののなかから選びとる。だが、作者は、自分の意思により、また、その責任において、その言葉を選び、そして紡ぎ合わせる。なんでもない言葉を使いながら、なお文章に個性があるのは、その自由と責任とのゆえである。

やさしい言葉を選び、単純な語法を使いながら、その作者でなければ書けない、個性ある文章を書くことはできる。そのことは、右の三つの詩や利休や織部の手紙文を見てもあきらかであろう。それらの文章は、どれも力づよい。詩人や小説家に限らない、文章を書くものは、だれもが、自分の自由と責任とにおいて、自分自身の文章を書くべきである。それが「文章の機能性」ということと矛盾するものでないことは、いうまでもない。

あとがき

　スポーツでも芸術でも、基本が大切である。ゴロのボールを拾うとき腰を落とさない内野手は、ほんものの野球選手でないし、発声の基本のできていない歌手は、歌手でない。

　文章でも、基本のできていないものは、文章本来の役目を果たしえない。ないしは、果たしにくい。ところが、日本語の文章の基本とはなにか、という点になると、かならずしも明らかにされていない。文章は、まず「伝達の働き」を十分に果たすためにある、その働きをいかすための基本があるはずだ、というのがわたくしの考えである。

　そういう観点から、ここ十数年、わたくしは、読書などを通じ、資料を集めてきた。カードに書き留めたこれらの資料を分類し、分析して、この稿を書いた。日本語の文章の基本を探るために。

　論を進めるのに、わたくしは、できるだけ実例に語らせようとした。実例こそすぐれた教師である。実例を挙げるなら、出典を明らかにしなければならない。それが読者に対する親切というものであるだろう。

　わたくしが機能的でない例として挙げたもののなかにも、すぐれた作家、わたくしの尊

敬する作家のものが少なくない。にもかかわらず出典を明記したのは、右の見地による

(なお、本文では、原則として敬称・敬語を省略した)。

もちろん、わたくしの考えのいたらない点、誤った点については、読者が指摘してくれるだろう。そういうことを期待する。そういう意味で、わたくしは、ようやくいま出発点に立ったにすぎない。

この稿が成り、書物になるには、吉田満氏のご支援とご激励とを必要とした。弁護士・高橋隆雄氏、大阪教育大学教授・松村治英氏をはじめ多くの先輩・友人に、たくさんのご教示を頂いた。木耳社の島亨氏・田中依子さんにも、たいへんお世話になった。記して、お礼の言葉を申しあげたい。

千早耿一郎

(追記) 九月一七日、吉田満氏が急逝された。この書を御霊前に献げることになったことが悲しい。

一九七九年九月

解説　「悪文」に名著が多い理由

石黒　圭

もしあなたがスリムな体型を手に入れたい場合、『みるみる痩せる激やせ食事法』と『太りにくい身体を作る食事法』、どちらの本を書店で手に取るだろうか。おそらく『みるみる痩せる激やせ食事法』をまず手に取るのではないか。手っ取り早く痩せられる方法が書いてありそうだからである。

しかし、ダイエットにはリバウンドがつきものである。一年後の自身の体型を考えた場合、どちらの本に従えば、目標を確実に達成できそうだろうか。冷静な頭で考えれば、『太りにくい身体を作る食事法』に軍配が上がることに多くの人が気づくはずである。健康的に痩せたいならば、栄養のバランスを欠いた極端な食生活に短期間手を染めるよりも、現在の食生活の問題となる部分を一つひとつ丁寧に取り除き、じっくり時間をかけて徐々に痩せていくほうが、はるかに健康的だからである。

これは、いわゆる文章読本についても同じことが言える。『名文を簡単に書く技術』と

『悪文を丁寧に直す技術』、どちらの本を書店で手に取るだろうか。まず手が伸びるのは『名文を簡単に書く技術』ではないだろうか。この本があれば、名文が書けそうな気がするからである。

しかし、『名文を簡単に書く技術』を手に、レジに並ぶまえに考えたい。読者をうならせる名文なんてそんなに簡単に書けるものだろうか。自分の実力を省みたとき、基礎が満足にできていない自分に、すぐに名文など書けないことは、冷静な頭で考えればすぐにわかるはずである。きちんとした文章の書き方を身につけたいなら、急がば回れで、『悪文を丁寧に直す技術』を手元におき、地道な方法をじっくり学ぶべきなのではないだろうか。

事実、書店に並ぶ文章の指南書を見直すと、悪文と名の付く本に名著が多い。

岩淵悦太郎編（一九六一）『悪文』日本評論社
永野賢（一九六九）『悪文の自己診断と治療の実際』至文堂
中村明（一九九五）『悪文』筑摩書房

とくに、岩淵悦太郎編の『悪文』は隠れたベストセラーで、第三版が一九七九年に刊行されているほか、角川ソフィア文庫にも収録されている。また、評者の大学院時代の指導教員であった中村明先生の『悪文』はちくま新書から刊行され、現在ではちくま学芸文庫に収録されている。

じつは、この三冊には共通点がある。執筆者がいずれも評者の勤務する国立国語研究所の関係者だという点である。岩淵悦太郎先生は国立国語研究所の第二代の所長で、岩淵悦太郎編の『悪文』の執筆者の多くは国立国語研究所の当時の研究員である。また、永野賢先生は国立国語研究所の創設に関わった作家・山本有三の娘婿であり、やはり国立国語研究所の研究員だった方である。さらに、中村明先生も最終的には早稲田大学名誉教授であるが、もともとは国立国語研究所の所員であった。

国立国語研究所の所員の書く文章指南書の特徴は高い実用性にある。所員は年中、日本語という言語に向きあっているので、抽象論で書くことはせず、かならず例文を出し、それに基づいて議論を進める癖がついている。このため、高い実用性を有するのである。

名文は定義が難しい。どのような文章が名文かは、読み手の主観によって異なると考えられる。一方、悪文は定義が易しい。どのような文章が悪文かは、簡単に決めることができる。読んでいて不正確な文章、わかりにくい文章が悪文だからである。

文章を書くコツは、じつは名文を書くことではない。悪文を書かないことである。悪文さえ書かなければ、書かれた文章は社会で通用する。名文として評価されるかどうかまではわからないが、少なくとも実用には供するのである。名文は芸術であり、悪文は技術である。私たちが学校で、また社会で学ぶべきは、芸術的な文章の書き方ではなく、正確でわかりやすい文章を書く技術である。

本書、『悪文の構造』は一九七九年に木耳社から出版されたもので、まさに悪文を避ける技術について書かれた本である。評者の知るかぎりの情報では、筆者、千早耿一郎氏は一九二二年に滋賀県に生まれ、若いころは中国で生活し、現地の学校で軍事訓練を受けた方である。帰国後は日本銀行に勤めるかたわら、中国を舞台とした小説をいくつも書かれ、文壇でも活躍された方だという。プロの作家ではあるが、上記の三冊とは異なり、国立国語研究所の所員のような日本語の研究者によって書かれたものではない。しかし、本書をお読みになった方はおわかりのとおり、本書はきわめて日本語学的な本であり、徹頭徹尾、日本語の文の構造が頑強なものになるようにすることを目指した技術書である。

内容は当時としては画期的だったことは疑いはないが、現代的な視点から見ると、物足りない面は正直ある。悪文を避ける技術と一口に言っても、その内容は多岐にわたる。しかし、本書の紙幅の大半は文の構造についての記述に割かれ、それ以外の点にはほとんど言及がないからである。

文章の書き方を考えるとき、表現技術に関する観点をざっと挙げるだけでも、次のようなものがある。

①文字の使い方（漢字・カタカナ etc.）
②記号の使い方（句読点・カッコ etc.）
③語彙の選び方（語種・類語 etc.）
④文の組み立て方（文法・文型 etc.）
⑤文のつなげ方（接続詞・指示詞 etc.）
⑥文章の組み立て方（文章構成・段落 etc.）
⑦文体の選び方（書き言葉・ジャンル etc.）
⑧修辞の捉え方（視点・比喩 etc.）

本書はこのうち、④「文の組み立て方」についてしか書かれていない。そのため、本書だけを読んでも、文章の技術がすべて身につくわけではない。

しかし、上記の①〜⑧の観点をすべて網羅しようとすると、いきおいページ数は増えてしまう。評者自身は『よくわかる文章表現の技術』（明治書院）という本のなかでこうした観点を網羅しようと考えたが、その結果、三〇〇ページ前後の全五巻の本になってしまった。また、何とかコンパクトに一冊に収めようとした『ていねいな文章大全』（ダイヤモンド社）では、五〇〇ページを超えたあげく、必要な項目を網羅しきれなかった。そうした過程を経て、評者が学んだことは、欲張りすぎると総花的になり、焦点がぼやけてしまうということであった。必要なことを詰めこみすぎると、読者にとってかえって迷惑なものになるのである。

この点で本書の割り切りはすばらしい。本書の主張は、センテンスを書いたとき、その構造が一つの意味でしか解釈できないように、頑強に書くこと、それに尽きる。評者は先ほど観点が網羅的でないことで、物足りない面はあると述べたが、文章を書くうえでもっとも大切なメッセージに絞って伝えられているという点ではむしろ長所と見ることもできる。

本書が扱っているテーマは一見多様に見える。長文を避けて単文で書くこと、主語と述語を明確にすること、「は」「が」をはじめとする助詞を的確に使い分けること、修飾関係や並列関係を明確にすること、句読点を適切に使うこと、過不足のない情報を提示することと、読み手の理解に配慮することなど、多岐にわたっていることは確かである。しかし、本書をよく読めば、それらはすべて一義的に解釈できる頑強な文を書くという目的に収束していることがわかるはずである。逆から見れば、一義的に解釈できる頑強な文を書くうえで必要な条件を残らず挙げて論じていることに気づく。

一文一義。そのことこそが文章を書くうえでもっと大事なことであると、筆者は銀行生活と文芸生活の両面で体得しており、そこに文章の機能美を見いだしたのであろう。こうした筆者の信念に基づく一貫した記述には、抗いがたい説得力がある。

筆者はこのような文章技術をどこで磨いたのであろうか。冒頭の紹介によれば、それは中学の英語の授業であり、日本陸軍の予備士官学校であったという。こうした環境のもとで日本語の文章を分析する技術を磨いたことを知るとき、当時の時代状況をあらためて振り返らざるをえない。生年は一九二二年(大正一一年)、関東大震災の前年であり、終戦を迎えたのがおそらく二二歳か二三歳のころだったと思われる。青春をすべて戦争に捧げた時代である。多くの読者にとっては遠い過去のように映るかもしれないが、評者にはむしろ身近に感じられる。一九二二年という生年から、岩淵悦太郎編『悪文』の執筆者の一人であり、評者が尊敬してやまない林四郎先生(筑波大学名誉教授)のことを思い出すからである。林先生は二〇二二年、ちょうど一〇〇歳を迎えられた年に天に召された。

林先生は戦時中は軍用機のパイロットであったが、さいわい、特攻隊員として飛び立つことなく終戦を迎えられた。評者が弟子入りしたのは林先生が八〇歳を過ぎてからのことであったが、評者の博士論文である文章予測の研究を、高射砲から放たれる弾道の軌跡の比喩で応援してくださったことが今でも記憶に残っている。また、英語の文章を読むのもお好きだったが、林先生の段落論は旧制中学の英語教育の影響を強く受けていた。本書でも引用されている時枝誠記博士の文章論をもっとも忠実に受け継いだのもまた、直接の教え子の一人である林先生であった。

本書の筆者である千早耿一郎氏に評者は生前お目にかかる機会はなかったが、もしお目にかかれていたならば、きっと林先生と同じように、戦時中の厳しい環境で培われた、物事を原理的に自分の頭で考える技術について多角的なお話が伺えたのではないかと思う。

情報があふれかえる時代にあって、文章執筆にもっとも大事なエッセンスをぎゅっと絞りこんで提示した本書はかえって読者の目に新鮮に映るかもしれない。何より四十年以上経った今でもこれだけ論旨が明快な本は珍しく、読み返して学ぶところは大きいと思われる。

「悪文を語る本に外れなし」。このことは文章読本を考えるうえでの鉄則だと評者は考える。本書もまた、その例外ではない。

（いしぐろ・けい　国立国語研究所教授・共同利用推進センター長　日本語学）

本書は、一九七九年十一月三日に木耳社より刊行された（新装版は一九八一年九月二十日刊）。文庫化にあたっては明らかな誤りを適宜訂正したほか、ルビを加えた。本文中には、現代の人権意識からは不適切と考えられる表現があるが、著者が故人であることと刊行時の時代背景を鑑み、そのままとした。

ＪＡＳＲＡＣ出　２４０６６８１-５０４

イメージを読む 若桑みどり

ミケランジェロのシスティーナ礼拝堂天井画、ダ・ヴィンチの「モナ・リザ」、名画に隠された思想や意味を鮮やかに読み解く楽しい美術史入門書。

イメージの歴史 若桑みどり

時代の精神を形作る様々な「イメージ」にアプローチし、ジェンダー的・ポストコロニアル的視点を盛り込みながらその真意をさぐる新しい美術史。

絵画を読む 若桑みどり

絵画の〈解釈〉には何をしたらよいか。名画12作品の読解によって、美術の深みと無限の感受性への扉を開ける。美術史入門書の決定版。（宮下規久朗）

てつがくを着て、まちを歩こう 鷲田清一

規範から解き放たれ、目まぐるしく変遷するモードの世界に、常に変わらぬ肯定的眼差しを送りつづけてきた著者の軽やかなファッション考現学。

英文翻訳術 安西徹雄

大学受験生から翻訳家志望者まで。達意の訳文で知られる著者が、文法事項を的確に押さえ、短文を読みときながら伝授する、英文翻訳のコツ。

英語の発想 安西徹雄

直訳から意訳への変換ポイントは、根本的な発想の転換にこそ求められる。英語と日本語の感じ方、認識パターンの違いを明らかにする翻訳読本。

英文読解術 安西徹雄

単なる英文解釈から抜け出すコツとは？ 名コラムニストの作品をテキストに、読解の具体的な秘訣と要点を懇切詳細に教授する、力のつく一冊。

〈英文法〉を考える 池上嘉彦

文法を身につけることとコミュニケーションのレベルでの正しい運用の間のミッシング・リンクを、認知言語学の視点から繋ぐ。（西村義樹）

日本語と日本語論 池上嘉彦

認知言語学の第一人者が洞察する、日本語の本質。既存の日本語論のあり方を整理し、言語類型論の立場から再検討する。（野村益寛）

どうして英語が使えない？　酒井邦秀

『でる単』と『700選』で大学には合格した。でも、少しも英語ができるようにならなかった「あなた」へ。学校英語の害毒を洗い流すための処方箋。

快読100万語！ペーパーバックへの道　酒井邦秀

辞書はひかない！　わからない語はとばす！　すぐ読めるやさしい本をたくさん読めば、ホンモノの英語が自然に身につく。奇跡をよぶ実践講座。

さよなら英文法！多読が育てる英語力　酒井邦秀

「努力」も「根性」もいりません。愉しく読むうちに豊かな実りがあなたにも。人工的な「日本英語」を棄て真の英語力を身につけるためのすべてがここに！

古文読解のための文法　佐伯梅友

複雑な古文の世界へ分け入るには、文の組み立てや語句相互の関係を理解することが肝要だ。「佐伯文法」の到達点を示す、古典文法の名著。（小田勝）

翻訳仏文法（上）　鷲見洋一

多義的で抽象性の高いフランス語を、的確で良質な日本語に翻訳するコツを伝授します！　多彩な訳例と実用的な技術満載の名著、待望の文庫化。

翻訳仏文法（下）　鷲見洋一

原文の深層からメッセージを探り当て、それに言葉を与えて原文の「姿」を再構成するのが翻訳だ――初学者も専門家も読んで納得の実践的翻訳術。

チョムスキー言語学講義　チョムスキー／バーウィック　渡会圭子訳

言語は、ヒトのみに進化した生物学的な能力である。その能力とはいかなるものか。なぜ言語が核心なのか。言語と思考の本質に迫る格好の入門書。

言語学を学ぶ　千野栄一

『外国語上達法』の著者による最良の入門書。「音声学」「比較言語学」「方言学」など、言語学の全体がコンパクトにまとまった一冊。（阿部賢一）

文章心得帖　鶴見俊輔

「余計なことはいわない」「紋切型を突き崩す」等、実践的に展開される本質的文章論。70年代に開かれた一般人向け文章教室の再現。（加藤典洋）

ことわざの論理　外山滋比古

「隣の花は赤い」「急がばまわれ」……お馴染のことわざの語句や表現を味わい、あるいは英語の言い回しと比較し、日本語の心性を浮き彫りにする。

知的創造のヒント　外山滋比古

あきらめていたユニークな発想が、あなたにもできます。著者の実践する知的習慣、個性的なアイデアを生み出す思考トレーニングを紹介！

英文対訳 日本国憲法

英語といっしょに読めばよくわかる！「日本国憲法」のほか、「大日本帝国憲法」「教育基本法」全文を対訳形式で収録。自分で理解するための一冊。

知的トレーニングの技術〔完全独習版〕　花村太郎

お仕着せの方法論をマネするだけでは、真の知的創造にはつながらない。偉大な先達が実践した手法から実用的な表現術まで盛り込んだ伝説のテキスト。

思考のための文章読本　花村太郎

本物の思考法は偉大なる先哲に学べ！先人たちの思考を10の形態に分類し、それらが生成・展開していく過程を鮮やかに切り出す、画期的な試み。

「不思議の国のアリス」を英語で読む　別宮貞徳

このけたはずれにおもしろい、奇抜な名作を、いっしょに英語で読んでみませんか——『アリス』の世界を原文で味わうための、またとない道案内。

さらば学校英語 実践翻訳の技術　別宮貞徳

英文の意味を的確に理解し、センスのいい日本語に翻訳するコツは？日本人が陥る誤訳の罠は？達人ベック先生が技の真髄を伝授する実践講座。

漢文入門　前野直彬

漢文読解のポイントは「訓読」にあり！その方法はいかにして確立されたか、歴史も踏まえつつ漢文を読むための基礎知識を伝授。（齋藤希史）

精講漢文　前野直彬

往年の名参考書が文庫に！文法の基礎だけでなく、中国の歴史・思想や日本の漢文学をも解説。漢字文化の多様な知識が身につく名著。（堀川貴司）

改訂増補
古文解釈のための国文法入門　松尾聰

助詞・助動詞・敬語等、豊富な用例をもとに語意を吟味しつつ、正確な古文解釈に必要な知識を詳述。多くの学習者に支持された名参考書。（小田勝）

考える英文法　吉川美夫

知識ではなく理解こそが英文法学習の要諦だ。簡明な解説と豊富な例題を通して英文法の仕組みを血肉化させていくロングセラー参考書。（斎藤兆史）

わたしの外国語学習法　ロンブ・カトー　米原万里訳

16ヵ国語を独学で身につけた著者が明かす語学学習の秘訣。特殊な才能がなくても外国語は必ず習得できる！　という楽天主義に感染させてくれる。

英語類義語活用辞典　最所フミ編著

類義語・同意語・反意語の正しい使い分けが、豊富な例文から理解できる定評ある辞典。学生や教師・英語表現の実務家の必携書。（加島祥造）

日英語表現辞典　最所フミ編著

日本人が誤解しやすいもの、英語理解のカギになるもの、まぎらわしい同義語、日本語の伝統的な表現・慣用句・俗語を挙げ、詳細に解説。（加島祥造）

言海　大槻文彦

統率された精確な語釈、味わい深い用例、明治の刊行以来昭和まで最もポピュラーで多くの作家に愛された辞書『言海』が文庫で。（武藤康史）

名指導書で読む
筑摩書房　なつかしの高校国語　筑摩書房編集部編

名だたる文学者による編纂・解説で長らく学校現場で愛された幻の国語教材。教室で親しんだ名作と、珠玉の論考からなる傑作選が遂に復活！

異人論序説　赤坂憲雄

内と外とが交わるあわい、境界に生ずる〈異人〉という豊饒なる物語を、さまざまなテクストを横断しつつ明快に解き明かす危険で爽やかな論考。

柳田国男を読む　赤坂憲雄

稲作・常民・祖霊のいわゆる「柳田民俗学」の向こう側にこそ、その思想の豊かさと可能性があった。テクストを徹底的に読み込んだ、柳田論の決定版。

「伝える」ことと「伝わる」こと　中井久夫

精神が解体の危機に瀕した時、それを食い止めるのが妄想である。解体か、分裂か。その時、精神はよりましな方として分裂を選ぶ。（江口重幸）

私の「本の世界」　中井久夫

精神医学関連書籍の解説、『みすず』等に掲載の年間読書アンケート等とともに、大きな影響を受けたヴァレリーに関する論考を収める。（松田浩則）

モーセと一神教　ジークムント・フロイト　渡辺哲夫訳

ファシズム台頭期、フロイトはユダヤ民族の文化基盤ユダヤ教に対峙する。自身の精神分析理論を揺るがしかねなかった最晩年の挑戦の書物。

悪について　エーリッヒ・フロム　渡会圭子訳

私たちはなぜ生を軽んじ、自由を放棄し、進んで悪に身をゆだねてしまうのか。人間の本性を克明に描き出した不朽の名著、待望の新訳。（出口剛司）

ラカン入門　向井雅明

複雑怪奇きわまりないラカン理論。だが、概念や理論の歴史的変遷を丹念にたどれば、その全貌を明快に理解できる。『ラカン対ラカン』増補改訂版。

引き裂かれた自己　R・D・レイン　天野衛訳

統合失調症とは、苛酷な現実から自己を守ろうとする決死の努力である。患者の世界に寄り添い、反精神医学の旗手となったレインの主著、改訳版。

素読のすすめ　安達忠夫

素読とは、古典を繰り返し音読すること。内容の理解は考えない。言葉の響きやリズムによって感性を耕し、学びの基礎となる行為を平明に解説する。

言葉をおぼえるしくみ　今井むつみ　針生悦子

認知心理学最新の研究を通し、こどもが言葉や概念を覚えていく仕組みを徹底的に解明。さらにその仕組みを応用した外国語学習法を提案する。

ハマータウンの野郎ども　ポール・ウィリス　熊沢誠／山田潤訳

イギリス中等学校〝就職組〟の闊達でしたたかな反抗ぶりに根底的な批判を読みとり、教育の社会秩序再生産機能を徹底分析する。（乾彰夫）

着眼と考え方 現代文解釈の基礎〔新訂版〕 遠藤嘉基 渡辺実

書かれた言葉の何に注目し、拾い上げ、結びつけ、考えていけばよいのか——59の文章を実際に読み解きながら解説した、至高の現代文教本。（読書猿）

着眼と考え方 現代文解釈の方法〔新訂版〕 遠藤嘉基 渡辺実

伝説の参考書『現代文解釈の基礎』の姉妹編、待望の復刊！ 70の文章を読解し、言葉を「考える」ための、一生モノの力を手に入れよう。（読書猿）

新編 教室をいきいきと① 大村はま

教室でのことばづかいから作文学習・テストまで。創造的で新鮮な授業の地平を切り開いた著者が、とっておきの工夫と指導を語る実践的な教育書。

新編 教えるということ 大村はま

ユニークで実践的な指導で定評のある著者が、教師の仕事のあれこれや魅力のある教室作りについて、きびしくかつ暖かく説く、若い教師必読の一冊。

日本の教師に伝えたいこと 大村はま

子どもたちを動かす迫力と、人を育てる本当の工夫に満ちた授業とは。実り多い学習のために、すべての教育者に贈る実践の書。（苅谷剛彦）

大村はま 優劣のかなたに 苅谷夏子

現場の国語教師として生涯を全うした、はま先生。遺されたことばの中から60を選りすぐり、先生の人となり、思想、仕事に迫る、珠玉のことば集。

増補 教育の世紀 苅谷剛彦

教育機会の平等という理念の追求は、いかにして学校を競争と選抜の場に変えたのか。現代の大衆教育社会のルーツを20世紀初頭のアメリカの経験に探る。

古文の読解 小西甚一

碩学の愛情が溢れる、伝説の参考書。魅力的な読み物でもあり、古典を味わうための最適なガイドになる一冊。（武藤康史）

古文研究法 小西甚一

受験生のバイブル、最強のベストセラー参考書がついに！ 碩学が該博な知識を背景に全力で書き下ろした、教養と愛情あふれる名著。（土屋博映）

アレクサンドロス大王物語

伝カリステネス
橋本隆夫訳

アレクサンドロスの生涯は、史実を超えた伝説として西欧からイスラムに至るまでの世界に大きな影響を与えた。伝承の中核をなす書物。（澤田典子）

西洋古典学入門

久保正彰

古代ギリシア・ローマの作品を原本に近い形で復原すること。それが西洋古典学の使命である。ホメーロスなど、諸作品を紹介しつつ学問の営みを解説。

貞観政要

呉兢
守屋洋訳

大唐帝国の礎を築いた太宗が名臣たちと交わした政治問答集。編纂されて以来、帝王学の古典として屹立する。本書では、七十篇を精選・訳出。

初学者のための中国古典文献入門

坂出祥伸

文学、哲学、歴史等「中国学」を学ぶ時、必須となる古典の基礎知識。文献の体裁、版本の知識、図書分類他を丁寧に解説する。反切とは？ 偽書とは？

詳講 漢詩入門

佐藤保

二千数百年の中国文学史の中でも高い地位を占める古典詩。その要点を、形式・テーマ・技巧等により系統だてて、初歩から分かりやすく詳しく学ぶ。

シュメール神話集成

杉勇
尾崎亨訳

「洪水伝説」「イナンナの冥界下り」など世界最古の神話・文学十六篇を収録。ほかでは読むことのできない貴重な原典資料。豊富な訳注・解説付き。

エジプト神話集成

杉勇
屋形禎亮訳

不死・永生を希求した古代エジプト人の遺した、ピラミッド壁面の銘文ほか、神への讃歌、予言、人生訓など重要文書約三十篇を収録。

宋名臣言行録

朱熹編
梅原郁編訳

北宋時代、総勢九十六名に及ぶ名臣たちの言動を大儒・朱熹が編纂。唐代の『貞観政要』と並ぶ帝王学の書であり、処世の範例集として今も示唆に富む。

資治通鑑

司馬光
田中謙二編訳

全二九四巻にもおよぶ膨大な歴史書『資治通鑑』のなかから、侯景の乱、安禄山の乱など名シーンを精選。破滅と欲望の交錯するドラマを流麗な訳文で。

良い死／唯の生　立岩真也

安楽死・尊厳死を「良い死」とする思考を批判的に検討し、誰でも「生きたいなら生きられる社会」へと変革するには何が必要かを論じる。（大谷いづみ）

20世紀思想を読み解く　塚原史

「自由な個人」から「全体主義的な群衆」へ。人間という存在が劇的に変質した世紀の思想を、無意味・未開・狂気等キーワードごとに解読する。

緑の資本論　中沢新一

『資本論』の核心である価値形態論を一神教的に再構築することで、自壊する資本主義からの脱出の道を考察した、画期的論考。（矢田部和彦）

反＝日本語論　蓮實重彦

仏文学者の著者、フランス語を母国語とする夫人、日仏両語で育つ令息。三人が遭う言語的葛藤から見えてくるものとは？（シャンタル蓮實）

橋爪大三郎の政治・経済学講義　橋爪大三郎

政治は、経済は、どう動くのか。この時代を生きるために、日本と世界の現実を見定める目を養い、考える材料を蓄え、構想する力を培う基礎講座！

学習の生態学　福島真人

現場での試行錯誤を許す「実験的領域」はいかに成立するか。救命病棟、原子力発電所、学校等、組織での学習を解く理論的枠組みを示す。（熊谷晋一郎）

フラジャイル　松岡正剛

なぜ、弱さは強さよりも深いのか？　薄弱・断片・あやうさ・境界・異端……といった感覚に光をあて、「弱さ」のもつ新しい意味を探る。（高橋睦郎）

言葉とは何か　丸山圭三郎

言語学・記号学についての優れた入門書。ソシュール研究の泰斗が、平易な語り口で言葉の謎に迫る。術語・人物解説、図書案内付き。（中尾浩）

戦争体験　安田武

わかりやすい伝承は何を忘却するか。戦後における戦争体験の一般化を忌避し、矛盾に満ちた自らの体験の「語りがたさ」を直視する。（福間良明）

考える力をつける哲学問題集　スティーブン・ロー　中山元訳

宇宙はどうなっているのか？　心とは何か？　遺伝子操作は許されるのか？　多彩な問いを通し、「哲学する」技術と魅力を堪能できる対話集。

プラグマティズムの帰結　リチャード・ローティ　室井尚ほか訳

真理への到達という認識論的欲求と、その呪縛からの脱却を模索したプラグマティズムの系譜。その戦いを経て、哲学に何ができるのか？　鋭く迫る！

知性の正しい導き方　ジョン・ロック　下川潔訳

自分の頭で考えることはなぜ難しく、どうすればその困難を克服できるのか。近代を代表する思想家が、誰にでも実践可能な道筋を具体的に伝授する。

ニーチェを知る事典　渡邊二郎／西尾幹二編

50人以上の錚々たる執筆者による「読むニーチェ事典」。彼の思想の深淵と多面的世界を様々な角度から描き出す。巻末に読書案内（清水真木）を増補。

概念と歴史がわかる
西洋哲学小事典　生松敬三／木田元／伊東俊太郎／岩田靖夫編

各分野を代表する大物が解説する、ホンモノかつコンパクトな哲学事典。教養を身につけたい人、議論したい人、レポート執筆時に必携の便利な一冊！

命題コレクション　社会学　作田啓一／井上俊編

社会学の生命がかよう具体的な内容を、各分野の第一人者が簡潔かつ読んで面白い48の命題の形で提示した、定評ある社会学辞典。（近森高明）

論証のレトリック　浅野楢英

議論に説得力を持たせる術は古代ギリシアの賢人に学べ！　アリストテレスらのレトリック理論をもとに、論証の基本的な型を紹介する。（納富信留）

貨幣論　岩井克人

貨幣とは何か？　おびただしい解答があるこの命題に、『資本論』を批判的に解読することにより最終解答を与えようとするスリリングな論考。

二十一世紀の資本主義論　岩井克人

市場経済にとっての真の危機、それは「ハイパー・インフレーション」である。21世紀の資本主義のゆくえ、市民社会のありかたを問う先鋭的論考。

熱学思想の史的展開2　山本義隆

熱力学はカルノーの一篇の論文に始まり骨格が完成した。熱素説に立ちつつも、時代に半世紀も先行していた。理論のヒントは水車だったのか？

熱学思想の史的展開3　山本義隆

隠された因子、エントロピーがついにその姿を現わす。そして重要な概念が加速的に連結し熱力学が体系化されていく。格好の入門篇。全3巻完結。

重力と力学的世界（上）　山本義隆

〈重力〉理論完成までの思想的格闘の跡を丹念に辿り、先人の思考の核心に肉薄する壮大な力学史。上巻は、ケプラーからオイラーまでを収録。

重力と力学的世界（下）　山本義隆

西欧近代において、古典力学はいかなる世界を発見し、いかなる世界像を作り出し、そして何を切り捨ててきたのか。歴史形象としての古典力学。

数学がわかるということ　山口昌哉

非線形数学の第一線で活躍した著者が〈数学とは〉をしみじみと、〈私の数学〉を楽しげに語る異色の数学入門書。（野崎昭弘）

カオスとフラクタル　山口昌哉

ブラジルで蝶が羽ばたけば、テキサスで竜巻が起こる？　カオスやフラクタルの非線形数学の不思議をさぐる本格的入門書。（合原一幸）

大学数学の教則　矢崎成俊

高校までの数学と大学の数学では、大きな断絶がある。この溝を埋めるべく企図された、自分の中の数学を芽生えさせる、「大学数学の作法」指南書。

数学文章作法 基礎編　結城浩

レポート・論文・プリント・教科書など、数式まじりの文章を正確で読みやすいものにするには？『数学ガール』の著者がそのノウハウを伝授！

数学文章作法 推敲編　結城浩

ただ何となく推敲していませんか？　語句の吟味・全体のバランス・レビューなど、文章をより良くするために効果的な方法を、具体的に学びましょう。

ちくま学芸文庫

悪文《あくぶん》の構造《こうぞう》　機能的《きのうてき》な文章《ぶんしょう》とは

二〇二四年十月　十　日　第一刷発行
二〇二五年一月二十五日　第四刷発行

著　者　千早耿一郎（ちはや・こういちろう）
発行者　増田健史
発行所　株式会社　筑摩書房
東京都台東区蔵前二―五―三　〒一一一―八七五五
電話番号　〇三―五六八七―二六〇一（代表）
装幀者　安野光雅
印刷所　信毎書籍印刷株式会社
製本所　株式会社積信堂

ISBN978-4-480-51263-5 C0181